岭南师范学院汉语言文学国家一流专业建设点系列教材

阎开振　主编

# 现代汉语与中学语文

郑　军
张鲁昌　侯昌硕
范培培

编著

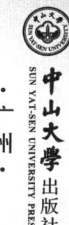

中山大学出版社
·广州·

版权所有　翻印必究

图书在版编目（CIP）数据

现代汉语与中学语文／郑军等编著. -- 广州：中山大学出版社，2025.7. -- （岭南师范学院汉语言文学国家一流专业建设点系列教材／阎开振主编）. -- ISBN 978-7-306-08239-8

Ⅰ. G633.302

中国国家版本馆CIP数据核字第2024FN9385号

XIANDAI HANYU YU ZHONGXUE YUWEN

出 版 人：王天琪
策划编辑：高　洵
责任编辑：邱紫妍
封面设计：周美玲
责任校对：陈生宇
责任技编：靳晓虹
出版发行：中山大学出版社
电　　话：编辑部 020-84110283，84113349，84111997，84110779，84110776
　　　　　发行部 020-84111998，84111981，84111160
地　　址：广州市新港西路135号
邮　　编：510275　　　　　传　真：020-84036565
网　　址：http://www.zsup.com.cn　　E-mail：zdcbs@mail.sysu.edu.cn
印 刷 者：佛山家联印刷有限公司
规　　格：787mm×1092mm　1/16　11.5印张　205千字
版次印次：2025年7月第1版　2025年7月第1次印刷
定　　价：60.00元

如发现本书因印装质量影响阅读，请与出版社发行部联系调换

# 总　　序

2021年2月,教育部公布了2020年度国家级一流本科专业建设点名单,岭南师范学院有两个专业入围,其中就有我们文学与传媒学院的汉语言文学专业。对此,我们自然感到无比自豪与高兴。然而,随之而来的,还有一种莫名的沉重与担心。

我们之所以感到"自豪与高兴",不仅仅因为我们几个人近一年紧张而忙碌的筹划、论证与填表有了一个正面的结果,更在于几代人40余年的专业建设得到了一种最新的高级别肯定。40多年来,我们的汉语言文学专业从1978年的三年制专科初设,到1991年的四年制本科升格,再到2008年获批为国家"十一五"特色专业建设点,以及2019年通过教育部师范类专业第二级认证,真可谓筚路蓝缕,"十年磨一剑",一步一个台阶。在这40多年间,汉语言文学专业一向注重教师队伍建设,通过内培外引,广纳人才,涌现出了多名以劳承万先生为代表的全国知名专家与学者。我们的老师心怀天下,聚精会神搞研究,完成了百余项国家社科与省部级科研、教研项目,出版(发表)了千余部(篇)重要著作、教材与论文。他们脚踏实地、执着追求,全身心地投入教书育人中,形成了"务实求真、追求卓越"的良好学风与教风,探索出了以"读说写—教研创"为核心素养、以"以德修身,以文启智,知行合一,内外协同"为路径的卓越人才培养模式,为社会输送了一大批"崇师德、精教学、善育人、能发展"的卓越语文教师与高素质人才,造就了许多以韩宜奋为代表的全国模范教师、省级教学名师。所有这些好的传统与成绩,正是我们这个专业几代人40余年努力奋斗的结果,当然也是我们这个专业成为国家级一流本科专业建设点的重要基础与前提条件。

至于"沉重与担心",则是我们深感一流专业建设的任务繁重、责任重大,担心完不成一流专业建设的目标与任务,达不到一流专业建设的水平与标准。我们清醒地认识到,尽管我们这个专业拥有40多年的历史,但我们取得的成绩还十分有限,特别是与同样入围的重点大学的一流本科专业建设点相比，仍存在一定的差距。我们距离"一流"，还有很长的路要走，有很多的课要补，有很多的问题要解决。同时，我们也深切地感受到，在强调科技信息与商业经济的大环境中，高校中的文科专业不同程度地存在着被弱化或被边缘化的现象。所以，作为身处粤西，又是地方师范院校的文科专业，我们的发展空间、方向与速度，都不能不让人感到"沉重与担心"！

不过，正是有这份"沉重与担心"，才进一步增强了我们的责任感与使命感，并且激励着我们继续寻求变革与发展的机会。三年来，我们按照"新文科""新师范"的建设理念与师范类专业认证的规范要求，守成创新，对标对表，逐步落实国家级一流本科专业建设的"主要思路及举措"。在计划推出的九项"主要思路及举措"中，我们强调加强课堂思政建设，加强教研团队建设，打造一系列一流课程与特色课程，强化实践教学环节，完善协同育人机制，发挥教学与科研服务地方的功能，提高学生的升学率与就业率等。这些"主要思路及举措"十分务实，既解决了长期困扰我们地方师范院校汉语言文学专业的定位问题，也增强了本专业所培养人才的实用性。它不仅是教学层面的专业建设，而且还强调了科研层面的专业建设。

实际上，我们这个专业不仅重视科研，而且惯于开展"有组织的科研"，并逐步形成了集体出版丛书的传统。40多年来，计有"文艺学美学丛书""文艺学多棱镜丛书""天涯文论丛书""南粤语言文字学丛书""微型小说学研究系列丛书""国家级特色专业（汉语言文学）建设点学术文丛""岭南批评文丛""岭南语文教育研究文丛""岭南师范学院'三成四化'工程语文课程精品丛书""国家级特色专业（汉语言文学）建设点系列教材""普通话教学丛书"等近20种丛书出版，在学术界和教育界产生了广泛的影响。从2024年起，我们拟推出"岭南师范学院中国语言文学学科建设丛书"和"岭南师范学院汉语言文学国家一流专业建设点系列教材"两套丛书。第一套丛书包括四本，分别是陈晓清的《唐宋词叙事研究》、程继龙的《朱英诞新诗研究》、侯昌硕的《海峡两岸词汇的对比与融合研究》、黄高飞的《两广华侨农场越南广宁省归侨粤语语音研究》。作者皆为年轻的博士，著作是他们博士学位论文的扩展。内容虽然分属四个不同的二级学科，但都体现了我们这个专业重视基础理论研究和粤西方言研究的特色。第二套丛书共有五本，分别是《中国现代文学与中学语文》《中国古代文学与中学语文》《外国文学与中学语文》

《现代汉语与中学语文》《古代汉语与中学语文》。这套丛书是我们所做的教育教学"下沉"工作的一部分。师范类专业认证强调教师角色的培养以及大学教学与中学教学的衔接,为此,我们做了一系列"下沉"工作,不仅在专业课教学与考核中增加中学语文教学的内容,而且围绕五门核心课程开设与中学语文衔接的选修课,并出版相应的教材。该系列教材的编著者皆为汉语言文学专业的教师、博士,大部分还有中学语文教学的经验,或对中考语文、高考语文有深入的研究。因此,大学专业课与中学语文相衔接、专业性与实践性相结合,是该系列教材的鲜明特点与优势。

祈望两套丛书的出版能为我们的专业建设增光添彩,也期盼它们的问世能给学术界和教育界带来一丝新意!

阎开振

2024 年 12 月

# 目　录

## 第一章　现代汉语与中学语文语音教学 … 1
### 第一节　中学语文语音教学要求 … 1
### 第二节　中学语文语音教学的必备知识 … 2
　　一、《汉语拼音方案》的教学解读 … 2
　　二、语音的教学分析 … 12
### 第三节　中学语文语音教学案例分析 … 15
　　一、选择加点字的注音完全正确/有误的一项 … 16
　　二、根据拼音写字词 … 16
　　三、多音字和形近字的读音辨析 … 17
　　四、选出句中加点字的字音或字形完全正确的一项 … 17
　　五、结合语境辨音形 … 18
　　六、选出语段中加点字的正确注音 … 19
　　七、趣味性语音试题 … 19
### 第四节　课外延伸阅读文献 … 20
　　一、专著类 … 20
　　二、论文类 … 21

## 第二章　现代汉语与中学语文汉字教学 … 26
### 第一节　中学语文汉字教学要求 … 26
### 第二节　中学语文汉字教学必备知识 … 27
　　一、汉字基本知识 … 27
　　二、国家关于汉字方面的法律法规 … 29
### 第三节　中学语文汉字教学案例分析 … 31
　　一、高中汉字专题研讨：××市住宅楼盘名称用字考察 … 31
　　二、学生作业范例 … 32

第四节　课外延伸阅读文献 …………………………………… 34

**第三章　现代汉语与中学语文语法教学** ……………………………… 36
　　第一节　中学语文语法教学 ……………………………………… 36
　　　　一、中学语文语法教学要求 …………………………………… 36
　　　　二、对中学语文语法教学要求的认识 ………………………… 37
　　第二节　中学语文语法教学必备知识 …………………………… 39
　　　　一、词的分类 …………………………………………………… 39
　　　　二、短语结构 …………………………………………………… 43
　　　　三、单句成分 …………………………………………………… 43
　　　　四、复句类型 …………………………………………………… 44
　　第三节　中学语文语法教学案例分析 …………………………… 46
　　第四节　课外延伸阅读文献 ……………………………………… 49

**第四章　现代汉语与中学语文语言运用教学** ………………………… 51
　　第一节　标点符号的使用 ………………………………………… 52
　　　　一、中学语文标点符号使用教学和学习要求 ………………… 52
　　　　二、标点符号使用必备知识 …………………………………… 53
　　　　三、标点符号常见误用类型分析 ……………………………… 87
　　第二节　词语的使用 ……………………………………………… 97
　　　　一、中学语文词语使用教学和学习要求 ……………………… 97
　　　　二、词语使用必备知识 ………………………………………… 98
　　　　三、词语积累 …………………………………………………… 102
　　　　四、词语使用例题分析 ………………………………………… 122

**第五章　现代汉语与中学语文朗读教学** ……………………………… 127
　　第一节　中学语文朗读教学要求 ………………………………… 127
　　　　一、中学语文对朗读的要求 …………………………………… 127
　　　　二、中学语文对诵读的要求 …………………………………… 130
　　　　三、中学语文对朗诵的要求 …………………………………… 132
　　　　四、对中学语文"三读"要求的理解 ………………………… 132
　　第二节　中学语文朗读教学必备知识 …………………………… 134
　　　　一、基本概念 …………………………………………………… 134

二、基本要求……………………………………………… 135
　　三、基本过程……………………………………………… 136
　　四、基本技巧……………………………………………… 137
　　五、朗诵评分标准………………………………………… 140
　第三节　中学语文朗读教学案例分析……………………… 142
　第四节　课外延伸阅读资料………………………………… 150
　　一、网站类………………………………………………… 150
　　二、专著类………………………………………………… 151

**第六章　现代汉语与中学语文修辞教学**……………………… 153
　第一节　中学语文修辞教学要求…………………………… 153
　第二节　中学语文修辞必备知识…………………………… 154
　第三节　中学语文修辞案例分析…………………………… 166
　第四节　课外延伸阅读文献………………………………… 170

**后记**…………………………………………………………… 172

# 第一章　现代汉语与中学语文语音教学

## 第一节　中学语文语音教学要求

在中学阶段，语音教学仍然是语文教学的重要任务之一。

《义务教育语文课程标准（2022年版）》（以下简称《标准》）在课程总目标的第4条中提出：学会汉语拼音，能说普通话。①

关于第一学段（1～2年级）【学习内容】语音部分的要求，《标准》提出：认读拼音字母，拼读音节，认识声调，借助汉语拼音认读汉字，学习音序检字法；在日常交际情境中学习汉语拼音和普通话。②

关于第一学段（1～2年级）【表达与交流】语音部分的要求，《标准》提出：学说普通话，逐步养成说普通话的习惯，有表达交流的自信心。③

关于第一学段（1～2年级）语音部分的学业质量描述，《标准》提出：愿意为他人朗读自己喜欢的语段；朗读时能使用普通话，注意发音；注意用语气、语调和节奏表现对文本的理解和感受；愿意和同学交流朗读体验，能简单评价他人的朗读。喜欢读古诗，能熟读成诵；喜欢阅读故事，并与他人讨论。喜欢在学校、社区组织的朗诵会、故事会、课本剧表演等活动中展示。④

---

① 中华人民共和国教育部：《义务教育语文课程标准（2022年版）》，北京师范大学出版社2022年版，第6页。

② 中华人民共和国教育部：《义务教育语文课程标准（2022年版）》，北京师范大学出版社2022年版，第20页。

③ 中华人民共和国教育部：《义务教育语文课程标准（2022年版）》，北京师范大学出版社2022年版，第8页。

④ 中华人民共和国教育部：《义务教育语文课程标准（2022年版）》，北京师范大学出版社2022年版，第38页。

以上要求似乎与中学语文语音教学无关，但在【阅读与鉴赏】部分，《标准》分别提出了四个学段语音方面的要求。第一学段（1～2年级）：学习用普通话正确、流利、有感情地朗读课文。第二学段（3～4年级）：用普通话正确、流利、有感情地朗读课文。第三学段（5～6年级）：熟练地用普通话正确、流利、有感情地朗读课文。第四学段（7～9年级）：能用普通话正确、流利、有感情地朗读。[①]

所以，尽管以上大多是对小学汉语拼音教学的要求，但拼音教学的完成并不意味着语音教和学的完成，而且随着教学阶段的不断提高，对语音教学的要求也随之提高，尤其是地方音较重的地方，应有意把语音的教学和普通话水平的提高联系起来。

## 第二节　中学语文语音教学的必备知识

教师必须具备深厚扎实的语音知识，才能在教学中得心应手、游刃有余。《汉语拼音方案》是普通话的语音标准，教师必须深刻理解。易错音是语音教学中的重点和难点，因此，教师有必要对它们从教学的角度进行分析。

### 一、《汉语拼音方案》的教学解读

汉语拼音是专门为普通话创制的注音工具，是标写普通话语音的音标，在教学中发挥着极其重要的作用。

1958年2月11日，第一届全国人民代表大会第五次会议批准颁布《汉语拼音方案》。从那时起，汉语拼音的推行取得了丰硕的成果。汉语拼音已经成为识读汉字、学习普通话、培养和提高阅读及写作能力的重要工具，被广泛用于中文文献排序检索以及工业、科技领域的型号和代号编制等多个方面。随着现代信息技术的普及，通过汉语拼音输入汉字这一种输入方法被普遍使用。汉语拼音作为拼写中国人名、地名的国际标准，作为各外文语种在指称中国事物、表达中国概念时的重要依据，作为我国对外交流的文化桥梁，被广泛用于对外汉语教学、对外交流等领域。

---

① 中华人民共和国教育部：《义务教育语文课程标准（2022年版）》，北京师范大学出版社2022年版，第7-9页、第12页、第14页。

《中华人民共和国国家通用语言文字法》第十八条规定:

国家通用语言文字以《汉语拼音方案》作为拼写和注音工具。
初等教育应当进行汉语拼音教学。

《汉语拼音方案》共有三个表和两种符号以及对它们的说明,共五个部分。

## (一) 字母表的教学解读

汉语拼音采用了26个拉丁字母作为自己的拼音字母。拉丁字母为罗马字母所继承和完善,所以又称为罗马字母。《中华人民共和国国家通用语言文字法》第十八条规定:

《汉语拼音方案》是中国人名、地名和中文文献罗马字母拼写法的统一规范,并用于汉字不便或不能使用的领域。

字母表明确了每个字母的名称读音(即字母音)。汉语拼音字母的名称音,在教学实践中还没有形成很好的规范,比较混乱,有的按名称音读,有的按照声母呼读音读,有的甚至按照英语字母名称读。既然是汉语拼音字母,当然应该按照汉语拼音的字母音读。汉语拼音字母读音用国际音标标示如表1-1。

表1-1 汉语拼音字母对应的国际音标

| 字母 | 名称<br>(注音字母) | 读音 | 国际音标 | 字母 | 名称<br>(注音字母) | 读音 | 国际音标 |
| --- | --- | --- | --- | --- | --- | --- | --- |
| Aa | ㄚ | a | [A] | Gg | ㄍㄝ | gê | [kɛ] |
| Bb | ㄅㄝ | bê | [pɛ] | Hh | ㄏㄚ | ha | [xA] |
| Cc | ㄘㄝ | cê | [tsʻɛ] | Ii | ㄧ | yi | [i] |
| Dd | ㄉㄝ | dê | [tɛ] | Jj | ㄐㄧㄝ | jie | [tɕiɛ] |
| Ee | ㄜ | e | [ɤ] | Kk | ㄎㄝ | kê | [kʻɛ] |
| Ff | ㄝㄈ | êf | [ɛf] | Ll | ㄝㄌ | êl | [ɛl] |

续上表

| 字母 | 名称（注音字母） | 读音 | 国际音标 | 字母 | 名称（注音字母） | 读音 | 国际音标 |
|---|---|---|---|---|---|---|---|
| Mm | ㄝㄇ | êm | [ɛm] | Tt | ㄊㄝ | tê | [t'ɛ] |
| Nn | ㄋㄝ | nê | [nɛ] | Uu | ㄨ | wu | [u] |
| Oo | ㄛ | o | [o] | Vv | ㄪㄝ | vê | [vɛ] |
| Pp | ㄆㄝ | pê | [p'ɛ] | Ww | ㄨㄚ | wa | [uA] |
| Qq | ㄑㄧㄡ | qiu | [tɕ'iou] | Xx | ㄒㄧ | xi | [ɕi] |
| Rr | ㄚㄦ | ar | [Ar] | Yy | ㄧㄚ | ya | [iA] |
| Ss | ㄝㄙ | ês | [ɛs] | Zz | ㄗㄝ | zê | [tsɛ] |

网络上的《汉语拼音字母歌》用的是英语二十六字母歌的旋律、汉语拼音字母的发音，它可以作为学习汉语拼音的教学辅助资源。

字母表明确规定了每一个字母的先后顺序，这是用拼音字母作为索引排序的基本依据。一般的字典、词典都是按照字母的顺序排列字、词的，课本的字词总表也是按照这一顺序排列的。按照字母顺序排列字、词，检索起来非常方便。

用 26 个拉丁字母来记录普通话语音音素和音位，是不能完全满足需要的，因为字母总数比普通话音素少，对此，《汉语拼音方案》主要采取了三个方面的补救措施。

第一，用两个字母合起来表示一个音素，作为一个整体使用。这种情况共有五组，表示辅音声母的 zh、ch、sh 和辅音韵尾的 ng，以及表示翘舌元音的 er。一定要注意，这五组使用的是两个字母，表示的是一个音，分别对应［tʂ］、［tʂ'］、［ʂ］、［ŋ］和［ɚ］五个音素。

第二，使用附加符号。使用附加符号就是在原字母的基础上附加某种符号，表示新的读音。这样，不用在 26 个字母以外增加新的字母，却增加了表示新的读音的方法，解决了记音问题，而且在大部分情况下还可以省略附加符号。但使用附加符号有一些缺陷，主要是在附加符号上再加声调符号，上下有好几层，写起来既不方便也不好看。因此，《汉语拼音方案》附加符号使用非常少，只有 ê 和 ü 两个字母。

ê［ɛ］单用的情况极少。在中国社会科学院语言研究所词典编辑室编、商务印书馆出版的《现代汉语词典（第6版）》（2012年版）和中国社会科学院语言研究所编、商务印书馆出版的《新华字典（大字本）》（2000年版）中，只有"欸"和"诶"两个字有这个读音，分别有四个声调，两个字用法一样，都是叹词，表示不同的语气或应答。因为实际上 e 并不出现在 i、ü 的后面，所以 i、ü 和 ê 相拼时就可以省略上面的附加符号"ˆ"，写成 e。因此 ie 和 üe 中的 e，实际上就是 ê。在中小学的语音教学中，不宜教得这么复杂，ê 单用的情况在中小学也基本不涉及，可以不教；教 ie 和 üe 时，只教它们的整体准确读音，不必细讲。但作为教师，心里必须清楚这是怎么一回事，如果学生问到为什么 e 和 ie、üe 中的 e 发音不同，就可以给出科学合理的解释。

ü 是在字母 u 的上面加了附加符号两个点。因为 u 不会同 j、q、x 相拼，出现在 j、q、x 这三个声母后面的 u，是 ü 同这三个声母相拼时省略了附加符号两个点，而且根据汉语拼音规范必须省略，写成 u。

ü 行韵母单独成音节时，按照规则变成了 yu，附加符号也不会出现，因此实际上 ü 只出现在 lü、lüe、nü、nüe 四个音节中，共涉及 42 个汉字。

为了避免使用带附加符号的 ü，因此将 üng［yŋ］改写为 iong，这一点在教学中要特别注意，千万不要将其读成［ioŋ］。

第三，一符多用，即用一个汉语拼音字母表示几个音位。这种情况主要是指字母 i，既可以表示舌面元音［i］，也可以表示舌尖前音［ɿ］和舌尖后音［ʅ］。这一点我们将在后面的韵母表的教学解读中详细解释。

### （二）声母表的教学解读

普通话的 21 个声母在《汉语拼音方案》中是根据传统方式按发音部位排列在一起的，一共有六组：

b、p、m、f：唇音，前面三个是双唇音，最后一个是唇齿音。

d、t、n、l：舌尖中音。

g、k、h：舌面后音。

j、q、x：舌面前音。

zh、ch、sh、r：舌尖后音。

z、c、s：舌尖前音。

这样排列有利于按发音部位进行教学，也有利于诵读，还有利于对声韵配合规律进行说明。

声母的教学难点在于每个声母都有三个读音：字母音、呼读音和本音。

字母音，即字母本身的读音，见前面用国际音标标示汉语拼音字母的对应表。给字母设名称音是为了方便对音近的字母进行分辨。

呼读音，即在读声母时加个韵母来读。因为汉语辅音音素中清音占绝大部分，读本音时只能听到气流声，听不到声带音，不易分辨，在声母后加个韵母可以使声音响亮清晰，容易分辨。

唇音组 b、p、m、f 加韵母 o，分别读成 bo、po、mo、fo；

舌尖中音组 d、t、n、l 和舌面后音组 g、k、h 加韵母 e，分别读成 de、te、ne、le 和 ge、ke、he；

舌面前音组 j、q、x 加韵母 i，分别读成 ji、qi、xi；

舌尖后音组 zh、ch、sh、r 加韵母 [ʅ]；

舌尖前音组 z、c、s 加韵母 [ɿ]。

呼读音与字母表的字母名称音不同，黄伯荣、廖序东的《现代汉语》（增订六版）[①] 指出，念声母时加个韵母来读是为了加强它的响亮度以提高听辨率，但那就与字母音的作用没有什么不同了。我们认为，设呼读音更重要的是为后面的本音教学做准备，因为呼读音去掉后面的韵母读音后，就是本音。

本音，即声母在音节中的实际读音。普通话的 21 个辅音声母中，有 17 个清音，4 个浊音（浊音还有一个不做声母的辅音 ng [ŋ]）。发音时声带不振动的是清音，又叫不带音；发音时声带振动的是浊音，又叫带音。音节中的声母必须用声母的本音去拼读，发音时必须轻而短。

在中小学的语文教学中，按照《义务教育语文课程标准》的要求，学生要熟记《汉语拼音字母表》，当然不能按英语字母的发音去记。教师在教学中必须严谨，要说拼音字母 b [pɛ]、c [ts'ɛ]，不能说拼音字母 b [piː]、c [siː]，但可以说声母 b [po]、c [ts'ɿ]。

《汉语拼音方案》声母表下的说明是，在给汉字注音的时候，为了使拼式简短，zh、ch、sh 可以省作 ẑ、ĉ、ŝ。实际情况是，虽然 ẑ、ĉ、ŝ 比 zh、ch、sh 简短了，但书写并不简单，而且一般键盘根本不能输入 ẑ、ĉ、ŝ。从汉语拼音尽量减少使用附加符号的原则来看，这个说明是与之相悖的。因此在实际教学中，可以不必理会这一说明。

---

[①] 黄伯荣、廖序东主编：《现代汉语》（增订六版），高等教育出版社 2017 年版，第 25 页。

## (三) 韵母表的教学解读

普通话共有 39 个韵母，包括 10 个单元音、13 个复元音和 16 个带鼻音韵母。

### 1. 韵母的正确发音

单元音包括 a、o、e、ê、i、u、ü 等七个舌面元音，-i（前）[ɿ]、-i（后）[ʅ] 两个舌尖元音和一个卷舌元音 er [ɚ]。

由于拼音字母表中只有五个元音字母，除了 a、o、e、i、u 五个舌面元音外，《汉语拼音方案》采用了三种方法来表示另外五个单元音。

第一种方法是采用一个字母 i 表示舌面元音 i [i] 和舌尖元音 -i（前）[ɿ]、-i（后）[ʅ] 三个音位。因为这三个音位是"互补"的，不会出现在相同的语音环境中，所以不会混淆。韵母表后的说明（1）"'知、蚩、诗、日、资、雌、思'等七个音节的韵母用 i，即：知、蚩、诗、日、资、雌、思等字拼作 zhi，chi，shi，ri，zi，ci，si"，就是规定了舌尖元音 -i（前）[ɿ] 和 -i（后）[ʅ] 的使用范围。zhi、chi、shi、ri 中使用的是 -i（后）[ʅ]，zi、ci、si 使用的是 -i（前）[ɿ]。除了这些以外，其他的所有 i 都是舌面元音 i [i]，在这三种情况下，i 的发音是完全不同的。舌尖元音 -i（前）[ɿ] 和 -i（后）[ʅ] 不太容易单独发音，我们可以把 zi 的发音拉长，后面部分的发音即是 -i（前）[ɿ] 的读音；同理，把 zhi 的发音拉长，后面部分的发音即是 -i（后）[ʅ] 的读音。当然，对这些知识点，教师只需要做到心中有数，在中小学阶段完全不必将其教给学生，把它们作为整体认读音节进行教学是比较好的方法。

第二种方法是采用两个字母表示一个单元音 er [ɚ]，韵母表后的说明（2）："韵母儿写成 er，用作韵尾的时候写成 r。例如：'儿童'拼作 ertong，'花儿'拼作 huar。"卷舌元音 er 只能自成音节，不能跟任何辅音声母相拼。

第三种方法是使用附加符号表示舌面元音 ê、ü。韵母表后的说明（3）："韵母 ㄝ 单用的时候写成 ê。"对 ü 没有任何说明，这应该是《汉语拼音方案》的一点不足，因为字母表中没有 ü，只有 u，那么 ü 这个字母又是从何而来的呢？

13 个复元音和 16 个带鼻音韵母中，有些元音由于受前后音的影响，与单独发音时的发音不同了，产生了一些细微的变化。这些有细微差别但又不能使音节代表的意义产生变化的音素，被称为同一音位的不同变体。

比如元音 a［A］有四个变体，在后面没有其他音素时，a 就读为央元音［A］，a、ia、ua 就属于这种情况；在韵头不是舌面前高元音 i、ü，韵尾是 i 或舌尖中鼻音 n 时，a 就读为前低元音［a］，ai、an、uai、uan 就属于这种情况；在韵头是舌面前高元音 i、ü，韵尾是舌尖中鼻音 n 时，a 就读为前半低元音［ε］，ian、üan 就属于这种情况；在韵尾是后高元音［u］或舌面后鼻音 ng 时，a 就读为后低元音［ɑ］，ao、ang、iao、iang 就属于这种情况。e 也存在这种情况，作为单韵母使用时读为［ɤ］，在后面有鼻音韵尾时，即在 en、eng 中，或在轻声音节中，则读为［ə］。ê 不单用时省略附加符号，写为 e，在韵头 i、ü 后，即在 ie、üe 中读为［ε］，而在韵尾 i 前时，即在 ei 中则读为［e］。这些都是由于前后音的影响而产生的一些细微的变化，主要是为了读起来顺口、听起来顺耳，不至于拗口难听。这些知识有利于教师准确地掌握每个韵母的正确发音，但在中小学的语文教学中，教师不必把这些知识传授给学生，只需要把每个韵母的准确发音教给学生即可。

《汉语拼音方案》用 ong、iong 表示［uŋ］［yŋ］，没有采用 ung、üng 是为了使字形清晰，避免手写体 u 与 ü 相混。① 由此又影响到 au、iau，其写法也改为了 ao、iao。今天看来，üng 改为 iong 可以避开使用带附加符号的 ü，还有一定的道理，但 u 改为 o，似乎没有必要，这样的改写带来了不少问题。首先是字母与读音不一致，导致字母代表的读音混乱。其次，改写后 ong、iong 在四呼中的归类出现了问题，ong 归入开口呼，iong 归入齐齿呼，但按实际读音应分别归入合口呼和撮口呼。再次，在声韵分析时，容易错误地把 iong 中的 i 分析为韵头，o 分析为韵腹，但按实际读音，io 代表的 ü 才是韵腹，没有韵头；还容易错误地把 ao、iao 中的 o 分析为韵尾，但按实际读音，它们的韵尾应为 u。最后，在语文教学中，尤其是面对低龄学生时，这个问题还真不是一两句话能解释清楚的。在语文教学中，教师可以采用只教整个韵母的正确读音，除非学生问到，否则不予解释的方法进行教学。

2. 四呼

《汉语拼音方案》的韵母表中，35 个舌面元音韵母以列表的形式给出，是按照传统的四呼分四列排列的。

所谓四呼，就是把所有韵母按韵母开头的元音口形进行分类。韵母开

---

① 黄伯荣、廖序东主编：《现代汉语》（增订六版），高等教育出版社 2017 年版，第 51 页。

头的元音按唇形和舌位的不同共分为四类，分别是开口呼、齐齿呼、合口呼和撮口呼。

开口呼：韵母开头不是舌面元音 i、u、ü 的韵母。

齐齿呼：韵母开头是舌面元音 i 的韵母。

合口呼：韵母开头是 u 的韵母。

撮口呼：韵母开头是 ü 的韵母。

舌尖元音 -i（前）［ɿ］和 -i（后）［ʅ］未列入表中，只在韵母表后的说明（1）中予以说明。韵母 er 未列入表中，只在表后说明（2）中予以说明。舌面元音 ê 未列入表中，只在表后说明（3）中予以说明。舌尖元音 -i（前）［ɿ］和 -i（后）［ʅ］不是舌面元音 i，与 er 和 ê 都归入开口呼。这 4 个未列入表中的韵母加上表中的 35 个韵母，共计 39 个韵母。

按韵母的开头字母，ong 归入了开口呼，iong 归入了齐齿呼，但按实际读音，ong［uŋ］应归入合口呼，iong［yŋ］应归入撮口呼。这是由前面谈到的字母改写带来的问题。

声母表中按发音部位的划分与韵母表中四呼的划分可以帮助我们更好地归纳声韵配合规律，详见表 1-2。

表 1-2　普通话声韵配合简表①

| 序号 | 声母 | 开口呼 | 齐齿呼 | 合口呼 | 撮口呼 |
|---|---|---|---|---|---|
| 1 | 双唇音 b、p、m | + | + | +（只与 u 相拼） | - |
| 2 | 唇齿音 f | + | - | +（只与 u 相拼） | - |
| 3 | 舌尖前音 z、c、s | + | + | + | - |
| 4 | 舌尖中音（清）d、t | + | + | + | - |
| 5 | 舌尖中音（浊）n、l | + | + | + | + |
| 6 | 舌尖后音 zh、ch、sh、r | + | - | + | - |
| 7 | 舌面前音 j、q、x | - | + | - | + |
| 8 | 舌面后音 g、k、h | + | - | + | - |

---

① 黄伯荣、李炜主编：《现代汉语》（第二版）上册，北京大学出版社 2016 年版，第 52 页。

续上表

| 序号 | 声母 | 开口呼 | 齐齿呼 | 合口呼 | 撮口呼 |
|---|---|---|---|---|---|
| 9 | 零声母 | + | + | + | + |

注:"+"表示声母和韵母可以相拼,"-"表示声母和韵母不可以相拼。

普通话的音素在组合时不是任意的,要受到声韵配合规律的制约。

### 3. 隔音字母 y 和 w

汉语拼音中有两个比较特别的字母 y 和 w,《汉语拼音方案》声母表中没有这两个字母,所以千万不要把它们当作辅音声母。它们起隔音的作用,被称为隔音字母。使用隔音字母可以使以 i、u、ü 开头的零声母音节与前面的音节隔开,界限清晰,容易辨认。韵母表后的说明(4)对它们的用法进行了说明:

i 行的韵母,前面没有声母的时候,写成 yi(衣),ya(呀),ye(耶),yao(腰),you(忧),yan(烟),yin(因),yang(央),ying(英),yong(雍)。

u 行的韵母,前面没有声母的时候,写成 wu(乌),wa(蛙),wo(窝),wai(歪),wei(威),wan(弯),wen(温),wang(汪),weng(翁)。

ü 行的韵母,前面没有声母的时候,写成 yu(迂),yue(约),yuan(冤),yun(晕);ü 上两点省略。

把以上说明归纳一下,可以看出,y 和 w 的使用有添加和改写两种用法。在零声母音节中,即在没有辅音声母的情况下:

(1) 添加。

如果韵母中只有 i,没有其他元音,即 i 为韵腹,则在 i 前添加 y,包括 i、in、ing 三个,写成 yi、yin、ying。

如果韵母中只有 u,没有其他元音,即 u 为韵腹,则在 u 前添加 w,写成 wu。

在语文教学中,一定要注意,这种情况的音节中 y 和 w 并不发音,不能读为 [i]、[u],因此不能使用二拼法,即不可以拼为 y-i→yi、y-in→yin 等,可以按整体认读音节进行教学。

（2）改写。

如果韵母以 i 开头，后面还有其他元音，则把 i 改为 y，包括 ia、ie、iao、iou、ian、iang 和 iong，改写为 ya、ye、yao、you、yan、yang 和 yong。前面六个中，i 为韵头，i 后的第一个元音为韵腹；iong 在形式上符合这一要求，但它是由 üng 改写而来的，io 代表的 ü 为韵腹，所以不能把 i 分析为韵头，o 分析为韵腹。

如果韵母以 u 开头，后面还有其他元音，即 u 为韵头，则把 u 改为 w，包括 ua、uo、uai、uei、uan、uen、uang、ueng 八个改写为 wa、wo、wai、wei、wan、wen、wang、weng。

在语文教学中一定要注意，这种些音节中的 y 和 w 替代了 i 和 u，是发音的，读为 [i]、[u]，但仍不建议使用二拼法，如前所述，因为单个元音的读音可能与拼合后的读音有细微的差别，如 i [i] – an [an] → yan [iɛn]，所以最好按整个音节的准确发音进行教学。

（3）添加并改写。

ü 行的韵母在没有辅音声母的情况下全部都要在前面加 y，并把 ü 上的两点去掉，包括 ü、üe、üan、ün 四个，改写为 yu、yue、yuan、yun。

在语文教学中一定要注意，这种情况的音节也不能使用二拼法，即不可以拼为 y – ü→yu，y – üe→yue 等，可以按整体认读音节进行教学。

（4）省写。

韵母表后说明（5）规定："iou, uei, uen 前面加声母的时候，写成 iu, ui, un。例如 niu（牛），gui（归），lun（论）。"就是说，iou、uei、uen 前面有辅音声母时，韵腹要省掉。虽然这样省写带来了书写的方便，但也带来了发音、标调、教学以及韵头、韵腹和韵尾判断上的麻烦，有些得不偿失。即使如此，在中小学语文教学中依然要按照规定进行教学。

韵母表后说明（6）规定："在给汉字注音的时候，为了使拼式简短，ng 可以省作 ŋ。"但从现实来看，不管是手写还是打字，极少把 ng 省作 ŋ 的。

## （四）声调符号的教学解读

《汉语拼音方案》关于声调符号规定：阴平、阳平、上声、去声的符号分别采用"ˉ、ˊ、ˇ、ˋ"标示。声调符号标在音节的主要母音上。轻声不标。例如：

妈 mā　　　麻 má　　　马 mǎ　　　骂 mà　　　吗 ma

（阴平）　　　（阳平）　　　（上声）　　　（去声）　　　（轻声）

韵母 i 上加声调符号时，i 上的一点要省略。

辅音声母后的 iou、uei、uen 要省写为 iu、ui、un，韵腹省略后，un 只剩一个元音字母 u，声调标在 u 上；iu、ui 剩下一个韵头和一个元音韵尾，声调符号后移，标在韵尾元音上。有一句口诀"i、u 并列标在后"，在教学中可以帮助学生记忆。

### （五）隔音符号的教学解读

《汉语拼音方案》关于隔音符号的规定："a, o, e 开头的音节连接在其他音节后面的时候，如果音节的界限发生混淆，应用隔音符号（'）隔开，例如：pi'ao（皮袄）。"

隔音符号"'"可以使音节界限分明。以 i、u、ü 开头的零声母音节已改写为 y、w 开头，音节界限已非常清晰，不再使用隔音符号。隔音符号只用在 a、o、e 开头的音节前头，可防止该音节与它前头相连的音素拼成一个字音。

下面是几组使用与不使用隔音符号的对比的典型例子：

fān'àn 翻案→fā nàn 发难　　　dī'àn 堤岸→diàn 店
míng'é 名额→mín gé 民革　　　jī'è 饥饿→jiè 借
xī'ān 西安→xiān 鲜　　　　　　kù'ài 酷爱→kuài 快
dàng'àn 档案→dān gàn 单干　　yú'é 余额→yuè 月

《汉语拼音方案》很好地解决了汉字注音的问题，是国家通用语言教学的有力工具，语文教师必须充分、扎实地掌握好《汉语拼音方案》，以便在教学中对其进行有效利用。

《汉语拼音方案》主要为汉字注音制定了标准，是推广普通话的有效工具，并为国际标准化组织（ISO）所采用。因为该方案主要解决的是给汉字注音的问题，如果要给词、句注音，还要参看 2012 年发布的国家标准《汉语拼音正词法基本规则》（GB/T 16159—2012）。

## 二、语音的教学分析

普通话共有 22 个声母（包括零声母）、39 个韵母。不同方言区的人说普通话时有相同或不同的易错音，下面我们对说普通话时常见的易错音进行归纳分析。

### （一）o

很多老师在教学中都会遇到一个困惑，单独读 o 的时候究竟是怎样发音的，是读"窝"还是"欧"？和 b、p、m、f 相拼时又是怎样发音的呢？

其实，单独读 o 时，既不读"窝"［uo］也不读"欧"［ou］，它的正确发音是［o］，也就是当叹词"哦"表示将信将疑时（读ó）或表示领会、醒悟时（读ò）的读音。别人给你讲明白了一件事，你会说："哦（ò），我知道了！"

o 和 b、p、m、f 相拼时，o 的发音没变。那为什么我们听起来像是 buo、puo、muo、fuo 呢？这是因为 o 发音时受到前面双唇音和唇齿音的影响。辅音声母和韵母拼合时有一个过渡，双唇音和唇齿音拼合圆唇元音 o 时，双唇或唇齿张开滑向圆唇音，发音稍慢就会像是增加了一个圆唇元音［u］，其实是语流中受前音影响导致的，并不是 o 就发音为"窝"［uo］了。

### （二）ü

有的方言中没有撮口呼韵母，如西南官话中的昆明话、粤方言中的阳江话和客家方言等①，这些方言区的人容易把撮口呼韵母发音为齐齿呼韵母，如"女的"发音为"你的"，"忽略"发音为"忽劣"，"鱼跃"发音为"一夜"。遇到这种情况，应先教学生发 i 音，然后把双唇拢圆，就能发出 ü 音了。同理，讲授撮口呼的其他韵母的发音时，也用这种方法，如 ün，先发 i 音，拢圆双唇，快速滑向 n，就能发出 ün 的正确读音了。

### （三）er

除北方方言区的人外，大部分其他方言区的人发不准 er［ɚ］音。《红楼梦》中史湘云称贾宝玉为"爱哥哥"，就是因为她把"二"发音为"爱"了。粤方言区的人说普通话时，有时会把"二"发音为"饿"。er 是一个卷舌元音，发音时，先让舌头处在发 e 的位置，然后舌尖卷起，

---

① 黄伯荣、李炜主编：《现代汉语》（第二版）上册，北京大学出版社 2016 年版，第 42 页。

同时发音，就能发出 er 音了。

### （四）f、h

有的方言区的人会把 f 发音为 h，如"发钱"发音为"花钱"，"米粉"发音为"米混（上声）"；与之相反，有的方言区的人会把 h 发音为 f，如将"湖南"发音为"扶南"甚至"弗兰"，部分粤方言区的人会把"开花"发音为"开发"。

f 是唇齿音，把上齿轻轻放在下唇上，送气，气流从唇齿间流出，产生轻微摩擦，就能发出这个音了。

h 是舌面后音，嘴巴张开，不要太大，舌根微微隆起，气流流出，就能发出这个音。要注意舌面后音 h［x］与喉擦音［h］区别较大，［h］是声带靠近，气流从中挤出而发出的辅音，上海话（吴方言）以及粤方言中"好"的声母即是［h］。

### （五）n、l

四川方言、重庆方言及其他部分方言区的人，往往会把 l 发音为 n，如"褴褛"发音为"男女"，"铝的"发音为"女的"，有的方言区的人则与之相反。这两个声母的发音部位相同，只是发音的方法不同。n 是鼻音，发音时舌尖要放在发 d、t 的位置，软腭下降，气流从鼻腔出来；l 是边音，发音时舌尖要放在发 d、t 的位置，软腭上升，气流从舌头的两边流出，不从鼻腔出去。

### （六）j、q、x

这三个是粤方言中非常难发准的音，往往会把舌尖抵住牙齿，发成舌尖音。它们都是舌面前音，发 j 音时，舌面前部抵住硬腭前部，舌尖一定不要碰触到牙齿，软腭上升，堵塞鼻腔通路，声带不振动，较弱的气流把舌面前部的阻碍冲开一道窄缝，并从中挤出，摩擦成声。q 发音的情况和 j 相比，只是气流较强，其余都相同。发 x 音时，舌面前部接近硬腭前部，留出窄缝，舌尖一定不要碰触到牙齿，软腭上升，堵塞鼻腔通路，声带不振动，气流从舌面前部和硬腭前部形成的窄缝中挤出，摩擦成声。发这三个音时，最关键的是舌位不要前移，一定不要让舌尖碰触到牙齿，以免舌与齿发生摩擦，发成舌尖音。

## （七）zh、ch、sh

这三个音是舌尖后音，很多方言都没有这三个音，所以这些方言区的人往往会把它们发成舌尖前音，把"山参"发音为"三森"。但纠正并不难，可以先发 z、c，然后把舌头稍微往后收，舌尖翘起，抵住硬腭前部，即可发出 zh、ch；先发 s，然后把舌头稍微往后收，舌尖翘起，接近硬腭前部，即可发出 sh。

## （八）r

很多方言没有 r 音，有的方言区的人在发 r 音时往往容易发成 l 音，如个别的北方方言的次方言区，人们把"肉"读为"漏"；有的方言区的人在发 r 音时往往容易发成元音 i 或半元音 [j]，如部分说粤方言的人会把"然后"发音为"延后"。这个音也是舌尖后音，但它是浊音。发 r 音的情况和 sh 相近，只是摩擦比 sh 弱，同时声带振动。可以先发 sh 音，减少摩擦，同时声带振动，即可发出 r 音。

## （九）n、ng

有些方言区的人会混淆前鼻音韵尾和后鼻音韵尾，尤其是在开口度较小的齐齿呼韵母中，前后鼻音韵尾很容易混淆，如把"英语"发音为"阴雨"，或把"金银"发音为"经营"。发前鼻音 n 时，舌尖要前伸，放在发 d、t 的位置，抵住上齿龈，除阻时不发音；发 ng 时，舌根后缩抵住软腭，除阻时不发音。掌握好这两个鼻音韵尾的发音并不难，需要先把前鼻音韵尾的字和后鼻音韵尾的字分为两类，然后逐个练习。

语音特别是易错音的教与学不是一朝一夕的事，不能一蹴而就，教要有耐心，多加点拨，学要刻苦，勤加练习。

# 第三节　中学语文语音教学案例分析

语音教学以能力的培养为首要目标，不应把考试与能力培养对立起来，因为考试的内容也是能力培养的一部分。普通话水平考试主要考查参试者的语音运用能力。下面我们以 2019 年、2020 年两年的中考考试中的语音试题为教学案例，按类型进行分析，归纳中学语文教学中语音教学的重难点，作为在中学语文教学中语音教学的参考。

## 一、选择加点字的注音完全正确/有误的一项

### 【2020年湖北省黄冈市中考试题】

下列加点字注音全部正确的一项是（　　）
A. 亘古（gèn）　莅临（lì）　殉职（xún）　拈轻怕重（niān）
B. 晌午（xiǎng）　修葺（qì）　吞噬（shì）　忍俊不禁（jīng）
C. 蓦然（mù）　校对（jiào）　褶皱（zhě）　矫揉造作（jiǎo）
D. 疫情（yì）　娉婷（pīng）　箱箧（qiè）　强聒不舍（guō）
【答案】D
【解析】A项，"殉职"的"殉"读作xùn；B项，"晌午"的"晌"读作shǎng，"忍俊不禁"的"禁"读作jīn；C项，"蓦然"的"蓦"读作mò。故选D。
这种类型的试题有的是把语音和汉字的书写结合起来一起考查。

### 【2019年广东省深圳市中考试题】

请选出下列词语中加点字读音和书写正确的一项（　　）
A. 赞誉（yù）　汲取（xī）　要决（jué）　不修边幅（fú）
B. 绯红（fēi）　镶嵌（qiàn）　旁骛（wù）　接踵而至（zhǒng）
C. 狭隘（yì）　宣哗（xuān）　褶皱（zhě）　殚精竭虑（dān）
D. 霎时（shà）　畸形（qī）　羁绊（jī）　眼花瞭乱（liáo）
【答案】B
【解析】A项，"汲"读作jí，"决"应写作"诀"；C项，"隘"应读作ài，"宣"应写作"喧"；D项，"畸"应读作jī，"瞭"应写作"缭"。

## 二、根据拼音写字词

### 【2020年广东省中考试题】

根据拼音写出相应的词语。
（1）牛背上牧童的短笛，这时候也成天在 liáo liàng _____ 地响。
（2）两个陆块在那里聚合并缓慢地 zhě zhòu _____ 变形。
（3）jiū zhàn què cháo _____，李代桃僵，那屋内必是鸡飞狗跳，

不得安宁。

（4）皮肤 cáng wū nà gòu _____，缺少光泽，就像用枝条扎成的村舍外墙那样粗糙。

【答案】（1）嘹亮　（2）褶皱　（3）鸠占鹊巢　（4）藏污纳垢

## 三、多音字和形近字的读音辨析

**【2019 年河南省中考试题】**

下列词语中加点的字，每对读音都不同的项是（　　）
A. 夹缝/夹袄　　匀称/称心如意　　拾金不昧/拾级而上
B. 憔悴/荟萃　　默契/锲而不舍　　殚精竭虑/怒不可遏
C. 龟缩/龟裂　　斗志/斗转星移　　发愤图强/令人发指
D. 脊梁/贫瘠　　胸襟/噤若寒蝉　　勘测水位/堪当重任

【答案】C

【解析】A 项，jiá/jiá，chèn/chèn，shí/shè；B 项，cuì/cuì，qì/qiè，jié/è；C 项，guī/jūn，dòu/dǒu，fā/fà；D 项，jǐ/jí，jīn/jìn，kān/kān。

## 四、选出句中加点字的字音或字形完全正确的一项

**【2019 年湖南省岳阳市中考试题】**

下列句子中加点字的字音或字形完全正确的一项是（　　）

A. 规划自己的职业生涯，使事业和人生呈现缤（bīng）纷和谐、相得益章的局面。

B. 对同志对人民不是满腔热忱（chén），而是冷冷清清，莫不关心，麻木不仁。

C. 仰之弥高，越高，攀得越起劲；钻之弥（mǐ）坚，越坚，钻得越契而不舍。

D. 凡做一件事，便忠于一件事，将全副精力集中到这事上头，一点不旁骛（wù），便是敬。

【答案】D

【解析】A 项，"缤"应读作 bīn，"章"应写作"彰"；B 项，"忱"应读作 chén，"莫"应写作"漠"；C 项，"弥"应读作 mí，"契"应写作"锲"。

## 五、结合语境辨音形

**【2019年浙江省宁波市中考试题】**

为下面句中加点字选择正确读音。

一个对读书着迷的孩子，一捧起书，心中便觉得有了着落，有了依靠。

(1) 着迷（  ）　　　　　　(2) 着落（  ）

A. zhāo　　　B. zháo　　　C. zhe　　　D. zhuó

【答案】(1) B　 (2) D

【解析】

着读 zhuó 的情况：

(1) 穿（衣）：穿～、穿红～绿、～装。
(2) 接触，挨上：～陆、附～、不～边际。
(3) 使接触别的事物，使附在别的物体上：～眼、～笔、～色、～墨、～力、～想、～意（用心）。
(4) 下落，来源：～落。
(5) 派遣：～人前来领取。
(6) 公文用语，表示命令的口气：～即施行。

着读 zháo 的情况：

(1) 接触，挨上：～边；上不～天，下不～地。
(2) 感受，受到：～凉、～急、～忙、～风、～迷。
(3) 使，派，用：别～手摸。
(4) 燃烧，亦指灯发光：～火、灯～了。
(5) 入睡：躺下就～。
(6) 用在动词后，表示达到目的或有了结果：打～了、没见～。

着读 zhāo 的情况：

(1) 下棋时下一子或走一步：～法、～数、一～儿好棋。
(2) 计策，办法：高～儿、没～儿了。
(3) 放，搁进去：～点儿盐。
(4) 应答声，表示同意：这话～哇！～，你说得真对！

## 六、选出语段中加点字的正确注音

**【2019年北京市中考试题】**

下面是一位同学找来的一段介绍"丝绸之路"的文字。阅读这段文字,完成(1)~(2)题。(节选)

公元前119年,张骞奉汉武帝之命,率300多人的使团,带着牛羊、丝绸等物品出使西域。此后,汉朝和西域的使者开始相互往来。商人们载着汉朝的丝绸、漆器等货物,从长安(今西安)穿过河西走廊,经西域运往中亚、西亚,再转运到欧洲;又把西域的物产和奇珍异宝运到中原。这条___①___通欧亚的陆上交通道路,就是载入史册的"丝绸之路"。后来,汉朝又开辟多条海上航线,逐渐形成了"海上丝绸之路"。二者交相辉映,共同谱写了人类交融互鉴的历史篇章。近年来,中国提出的"一带一路"倡议,就是为___②___续丝绸之路的辉煌历史、开创灿烂未来而贡献的卓越智慧。

(1)依次给这段文字中加点的字注音,全都正确的一项是( )
A. 载(zǎi) 载(zài)  B. 载(zài) 载(zài)
C. 载(zài) 载(zǎi)  D. 载(zǎi) 载(zǎi)

【答案】C

【解析】"载"是易考多音字。读 zǎi 时:代表"年",如"三年五载";代表"记载;刊登",如"刊载"。读 zài 时指装载、运输工具所装的东西,如"卸载"。由此可知,第一个"载"读音为 zài、第二个"载"读音为 zǎi。

## 七、趣味性语音试题

**【2020年湖南省长沙市中考试题】**

下列词语字音和字形全都正确的一项是( )

| 姓氏 | 形近字 | 多音字 | 成语 |
|---|---|---|---|
| ①臧（zàng）克家<br>②岑（jīn）参<br>③卞（biàn）之琳 | ④珊珊来迟<br>⑤蹒跚<br>⑥珊瑚 | ⑦强（qiáng）词夺理<br>⑧顽强（qiáng）<br>⑨倔强（jiàng） | ⑩不屑置辨<br>⑪走投无路<br>⑫粗制烂造 |

A．①④⑨⑩　　B．③⑤⑨⑪　　C．②⑥⑧⑩　　D．③⑤⑦⑫

【答案】B

【解析】①中"臧"应读作 zāng；②中"岑"应读作 cén；④"珊珊来迟"应写作"姗姗来迟"；⑦中"强"应读作 qiǎng；⑩"不屑置辨"应写作"不屑置辩"；⑫"粗制烂造"应写作"粗制滥造"。

以上题型中，第一至第六种题型非常常见，一般的语音考试题不会超出这六种题型。第七种题型不太常见，但多了几分趣味。从试题内容来看，多音字、形近字的读音以及汉字的易错读音都是考查重点，因此在中学语文教学中，这些都应作为教学的重难点，教师应在语音教学中有所侧重，学生应注重平时积累。大部分试题把字的音、形甚至义结合在一起进行考查，其实这也是我们进行语音教学的一条路径：音不离字，字不离形，形不离义。

## 第四节　课外延伸阅读文献

### 一、专著类

1. 黄伯荣，廖序东. 现代汉语：上册［M］. 增订6版. 北京：高等教育出版社，2017.

2. 黄伯荣，李炜. 现代汉语：上册［M］. 2版. 北京：北京大学出版社，2016.

3. 北京大学中文系现代汉语教研室. 现代汉语专题教程［M］. 北京：北京大学出版社，2003.

4. 全国小学语文教学研究会. 小学汉语拼音教学研究［M］. 北京：人民教育出版社，2003.

前面两部专著的语音部分详细描述了普通话每个语音的发音部位、发音方法以及声母和韵母辨正，并附有部分教学提示，还对声调、音节、音变、音位、朗读和语调、语音规范化等进行了详细的分析，是我们进行语音教学非常好的参考资料。第三部专著的语音专题部分对汉语拼音方案进行了理论阐释，并对普通话的语音系统进行了描写和深入分析，对现代汉语语音规范化问题进行了深入研究，理论性很强。第四部书由三部分内容组成：一是专家论述汉语拼音的重要作用，二是小学教研人员研究汉语拼音教学的成果，三是一线教师的拼音教学经验。它可以作为小学拼音教学的重要参考，也可以为中学语音教学提供一些帮助。

## 二、论文类

1. 杨秀芳. 小学汉语拼音教学中存在的问题及对策研究［D］. 昆明：云南师范大学，2014.

2. 刘莹. 小学汉语拼音与儿歌整合的教学实证探究［D］. 宁波：宁波大学，2015.

3. 邱夏琦. 指向"学趣"的小学汉语拼音教学设计研究［D］. 扬州：扬州大学，2019.

4. 石巧红. 小学汉语拼音的有效教学研究［D］. 湘潭：湖南科技大学，2015.

5. 陆晓娜. 茂名地区乡镇中心小学汉语拼音教学现状与策略研究［D］. 广州：广州大学，2013.

以上学位论文对小学语音教学中存在的问题及对策，拼音教学的趣味性、有效性以及方言区的拼音教学等的研究，对中学语文教学中的语音教学仍有很大的启发和较高的参考价值。

## 附录一  汉语拼音方案

### 一、字母表

| 字母： | A | Bb | Cc | Dd | Ee | Ff | Gg |
|---|---|---|---|---|---|---|---|
| 名称： | ㄚ | ㄅㄝ | ㄘㄝ | ㄉㄝ | ㄜ | ㄝㄈ | ㄍㄝ |

| Hh | Ii | Jj | Kk | Ll | Mm | Nn |
|---|---|---|---|---|---|---|
| ㄏㄚ | ㄧ | ㄐㄧㄝ | ㄎㄝ | ㄝㄌ | ㄝㄇ | ㄋㄝ |

| Oo | Pp | Qq | Rr | Ss | Tt |
|---|---|---|---|---|---|
| ㄛ | ㄆㄝ | ㄑㄧㄡ | ㄚㄦ | ㄝㄙ | ㄊㄝ |

| Uu | Vv | Ww | Xx | Yy | Zz |
|---|---|---|---|---|---|
| ㄨ | ㄪㄝ | ㄨㄚ | ㄒㄧ | ㄧㄚ | ㄗㄝ |

V 只用来拼写外来语、少数民族语言和方言。
字母的手写体依照拉丁字母的一般书写习惯。

## 二、声母表

| b | p | m | f | d | t | n | l |
|---|---|---|---|---|---|---|---|
| ㄅ玻 | ㄆ坡 | ㄇ摸 | ㄈ佛 | ㄉ得 | ㄊ特 | ㄋ讷 | ㄌ勒 |

| g | k | h | | j | q | x |
|---|---|---|---|---|---|---|
| ㄍ哥 | ㄎ科 | ㄏ喝 | | ㄐ基 | ㄑ欺 | ㄒ希 |

| zh | ch | sh | r | z | c | s |
|---|---|---|---|---|---|---|
| ㄓ知 | ㄔ蚩 | ㄕ诗 | ㄖ日 | ㄗ资 | ㄘ雌 | ㄙ思 |

在给汉字注音的时候，为了使拼式简短，zh、ch、sh 可以省作 ẑ、ĉ、ŝ。

## 三、韵母表

|  | i<br>丨 衣 | u<br>ㄨ 乌 | ü<br>ㄩ 迂 |
|---|---|---|---|
| a<br>ㄚ 啊 | ia<br>丨ㄚ 呀 | ua<br>ㄨㄚ 蛙 |  |
| o<br>ㄛ 喔 |  | uo<br>ㄨㄛ 窝 |  |
| e<br>ㄜ 鹅 | ie<br>丨ㄝ 耶 |  | üe<br>ㄩㄝ 约 |
| ai<br>ㄞ 哀 |  | uai<br>ㄨㄞ 歪 |  |
| ei<br>ㄟ 欸 |  | uei<br>ㄨㄟ 威 |  |
| ao<br>ㄠ 熬 | iao<br>丨ㄠ 腰 |  |  |
| ou<br>ㄡ 欧 | iou<br>丨ㄡ 忧 |  |  |
| an<br>ㄢ 安 | ian<br>丨ㄢ 烟 | uan<br>ㄨㄢ 弯 | üan<br>ㄩㄢ 冤 |
| en<br>ㄣ 恩 | in<br>丨ㄣ 因 | uen<br>ㄨㄣ 温 | ün<br>ㄩㄣ 晕 |
| ang<br>ㄤ 昂 | iang<br>丨ㄤ 央 | uang<br>ㄨㄤ 汪 |  |
| eng<br>ㄥ 亨的韵母 | ing<br>丨ㄥ 英 | ueng<br>ㄨㄥ 翁 |  |
| ong<br>（ㄨㄥ）轰的韵母 | iong<br>ㄩㄥ 雍 |  |  |

（1）"知、蚩、诗、日、资、雌、思"等七个音节的韵母用 i，即："知、蚩、诗、日、资、雌、思"等字拼作 zhi、chi、shi、ri、zi、ci、si。

（2）韵母儿写成 er，用作韵尾的时候写成 r。例如："儿童"拼作 ertong，"花儿"拼作 huar。

（3）韵母ㄝ单用的时候写成 ê。

（4）i 行的韵母，前面没有声母的时候，写成 yi（衣），ya（呀），ye（耶），yao（腰），you（忧），yan（烟），yin（因），yang（央），ying（英），yong（雍）。

u 行的韵母，前面没有声母的时候，写成 wu（乌），wa（蛙），wo（窝），wai（歪），wei（威），wan（弯），wen（温），wang（汪），weng（翁）。

ü 行的韵母，前面没有声母的时候，写成 yu（迂），yue（约），yuan（冤），yun（晕）；ü 上两点省略。

ü 行的韵母跟声母 j，q，x 拼的时候，写成 ju（居），qu（区），xu（虚），ü 上两点也省略；但是跟声母 n，l 拼的时候，仍然写成 nü（女），lü（吕）。

（5）iou，uei，uen 前面加声母的时候，写成 iu，ui，un。例如，niu（牛），gui（归），lun（论）。

（6）在给汉字注音的时候，为了使拼式简短，ng 可以省作 ŋ。

### 四、声调符号

声调分为阴平、阳平、上声、去声四种。声调符号标在音节的主要母音上，轻声不标。例如：

妈 mā（阴平）　　麻 má（阳平）　　马 mǎ（上声）　　骂 mà（去声）
吗 ma（轻声）

### 五、隔音符号

a，o，e 开头的音节连接在其他音节后面的时候，如果音节的界限发生混淆，用隔音符号（'）隔开，例如：pi'ao（皮袄）。

## 附录二　汉语拼音记音与国际音标对照表

| 拼音 | 国际音标 | 拼音 | 国际音标 | 拼音 | 国际音标 |
|---|---|---|---|---|---|
| b | [p] | s | [s] | iao | [iau] |
| p | [p'] | a | [A] | iou | [iou] |
| m | [m] | o | [o] | ian | [iɛn] |
| f | [f] | e | [ɤ] | in | [in] |
| v | [v] | ê | [ɛ] | iang | [iaŋ] |
| d | [t] | i | [i] | ing | [iŋ] |
| t | [t'] | -i（前） | [ɿ] | ua | [uA] |
| n | [n] | -i（后） | [ʅ] | uo | [uo] |
| l | [l] | u | [u] | uai | [uai] |
| g | [k] | ü | [y] | uei | [uei] |
| k | [k'] | er | [ɚ] | uan | [uan] |
| h | [x] | ai | [ai] | uen | [uən] |
| j | [tɕ] | ei | [ei] | uang | [uaŋ] |
| q | [tɕ'] | ao | [au] | ueng | [uəŋ] |
| x | [ɕ] | ou | [ou] | ong | [uŋ] |
| zh | [tʂ] | an | [an] | üe | [yɛ] |
| ch | [tʂ'] | en | [ən] | üan | [yɛn] |
| sh | [ʂ] | ang | [aŋ] | ün | [yn] |
| r | [ʐ] | eng | [əŋ] | iong | [yŋ] |
| z | [ts] | ia | [iA] | | |
| c | [ts'] | ie | [iɛ] | | |

　　本表的国际音标大体上是严式音标，如果用宽式音标，其中的 a、A、ɑ 都可标作 a。

# 第二章　现代汉语与中学语文汉字教学

## 第一节　中学语文汉字教学要求

汉字是记录汉语的书写符号系统，是中华文化得以传承的重要载体。国家对中小学生学习汉字的要求是连续性的。

《义务教育语文课程标准（2011年版）》对汉字提出了分段要求。第一学段目标与内容是：①喜欢学习汉字，有主动识字、写字的愿望。②认识常用汉字1600个左右，其中800个左右会写。③掌握汉字的基本笔画和常用的偏旁部首，能按笔顺规则用硬笔写字，注意间架结构。初步感受汉字的形体美。④努力养成良好的写字习惯，写字姿势正确，书写规范、端正、整洁。⑤学习独立识字。能借助汉语拼音认读汉字，学会用音序检字法和部首检字法查字典。

第二学段目标与内容是：①对学习汉字有浓厚的兴趣，养成主动识字的习惯。②累计认识常用汉字2500个左右，其中1600个左右会写。③有初步的独立识字能力。会运用音序检字法和部首检字法查字典、词典。④能使用硬笔熟练地书写正楷字，做到规范、端正、整洁。用毛笔临摹正楷字帖。⑤写字姿势正确，有良好的书写习惯。

第三学段目标与内容是：①有较强的独立识字能力。累计认识常用汉字3000个左右，其中2500个会写。②硬笔书写楷书，行款整齐，力求美观，有一定速度。③能用毛笔书写楷书，在书写中体会汉字的优美。④写字姿势正确，有良好的书写习惯。

第四学段目标与内容是：①能熟练地使用字典、词典独立识字，会用多种检字方法。累计认识常用汉字3500个左右。②在使用硬笔熟练地书写正楷字的基础上，学写规范、通行的行楷字，提高书写的速度。③临摹名家书法，体会书法的审美价值。④写字姿势正确，有良好的书写习惯。

在高中阶段，《普通高中语文课程标准（2017年版2020年修订）》在

"学习任务群 13 汉字汉语专题研讨"中指出汉字的学习目标与内容是：①有意识地在义务教育和高中必修阶段积累的基础上，发现与汉字有关的某些问题，结合汉字、汉语普及读物的阅读，进行归纳梳理，验证汉字的理论规律，例如汉字的表意性质。②针对语言生活中的现实问题，例如网络语言与汉字规范问题，阅读相关论著，整理事实与数据，对社会上出现的语言热点问题展开讨论，用正确的观点与方法分析问题，得出结论，在实际语言运用中努力促进祖国语言文字健康发展。③学生以撰写读书报告、语言专题调查报告、小论文等形式呈现学习成果，并在专题讨论会上发表自己的成果。此外，该标准还在课程内容"选择性必修和选修课程学习要求"中指出，要了解语言文字法规的有关内容，增强规范意识，学会辨析和纠正错误，提高语言文字运用的正确性和有效性。

## 第二节 中学语文汉字教学必备知识

### 一、汉字基本知识

#### （一）汉字的造字法

造字法指汉字的构造方式。汉字的构造主要有象形、指事、会意、形声等方式。

"六书"指古人总结的古文字的六种造字法，一般指象形、指事、会意、形声、转注、假借。现在一般认为，前四种是造字法，后两种是用字法。

1. 象形

《说文·叙》："象形者，画成其物，随体诘诎，'日、月'是也。"

象形是描绘事物形状的造字法。用这种方法造的字是象形字。如"日、月、山、水、云、电、牛、羊、须、果、瓜、州、眉"等。

2. 指事

《说文·叙》："指事者，视而可识，察而见意，'上、下'是也。"

指事是用象征性符号或在象形字上加提示符号来表示某个词的造字法。用这种方法造的字就是指事字。如"三"，用三条线表示数量；

"刃",在刀口上加一点,表示刀刃的所在。再如"一、二、三、上、下、厶、本、末、寸、亦、牟、立、片、夕、叵、乒"等。

指事字与象形字的区别是:象形重在象原物之形,指事重在用抽象符号进行提示。有的象形字有附带部分,如"瓜"的瓜蔓,也象原物之形;指事字有一类是在象形字上加提示符号,如"刃"的一点,不象原物之形,只起提示作用。

3. 会意

《说文·叙》:"会意者,比类合谊,以见指㧑,'武、信'是也。"

用两个或几个字组成一个字,把几个字的意义合成新字的意义,这种造字法叫会意。用会意法造的字是会意字,如"日"和"月"合为"明",双"木"为"林"等。

会意字与象形字、指事字的区别是:用会意造字法造的字是合体字,如"尘、众"等;用象形、指事造字法造的字是独体字,如象形字"日、月",指事字"上、本"等。带附带部分的象形字如"瓜",象形字加提示符号的指事字如"刃",也是独体字,因为附带部分和提示符号都不成字。

4. 形声

《说文·叙》:"形声者,以事为名,取譬相成,'江、河'是也。"

由表示字义类属的偏旁(形旁、义符)和表示字音的偏旁(声旁、音符)组成新字,这种造字法叫形声。

形声和象形、指事的区别是:用形声造字法造的字是合体字,而用象形、指事造字法造的字是独体字。形声和会意的区别是:用形声造字法造的字,有形旁和声旁,如"湖",从水,胡声;用会意造字法造的字没有声旁,如"休",表示(人)在木(树)旁(休息)。

## (二) 汉字的表意特点

世界上的文字可分为表音文字和表意文字两大类。表音文字是用数目不多的符号表示一种语言的有限的音位或音节,作为标记词语声音的字母;表意文字是用数目众多的表意符号表示一种语言中有意义的语言单位——语素或词,而不是表示语言中的音位或音节。汉字是用笔画构成的大量表意符号(字)来表示汉语的语素,从而代表了汉语语素的声音,而不是用符号或字母表示汉语的音素或音节,所以说汉字是表意体系的文字。例如四类造字法。

### (三) 汉字的结构单位及关系

汉字结构的单位是偏旁、部件和笔画。

什么是笔画？笔画是构成汉字的各种点和线，是构成汉字的最小单位。1965年文化部和中国文字改革委员会发布的《印刷通用汉字字形表》和1988年国家语言文字工作委员会、中华人民共和国新闻出版署发布的《现代汉语通用字表》规定了五种基本笔画，即一（横）、丨（竖）、丿（撇）、丶（点）、乛（折）。

部件是从字形分析出来的、由笔画组成的具有组配汉字功能的结构单位。部件的切分标准还不统一，有的人倾向无理切分，有的则多少顾及一点音义等。

偏旁是合体字中介于笔画和整字之间的结构单位。古代称合体字的左半部分为"偏"，右半部分为"旁"，统称"偏旁"。现在合体字的上、下、左、右、内、外各组成部分统称为"偏旁"。

部首是从检字角度划分出来的检字单位，编字典时，把有同样形旁的字归为一类，它们共同的偏旁作为首字，这就叫"部首"，是一部之首的意思。简单地说，部首也是偏旁，但偏旁不一定是部首，偏旁与部首是整体与部分的关系。

所以汉字的三个结构单位和整字的关系是：笔画≤部件≤偏旁≤整字。

## 二、国家关于汉字方面的法律法规

### (一) 国家通用语言文字法

《中华人民共和国国家通用语言文字法》（以下简称《语言文字法》）2001年颁布施行，包括四章：第一章为总则，第二章为国家通用语言文字的使用，第三章为管理和监督，第四章为附则。《语言文字法》第一章指出，国家通用语言文字为普通话和规范汉字。第二章指出，国家机关、学校及其他教育机构以普通话和规范汉字为用语用字，汉语文出版物和公共服务行业以规范汉字为基本用字，并且具体指出：广播、电影、电视用语用字，公共场所的设施用字，招牌、广告用字，企业事业组织名称和在境内销售的商品的包装、说明等应当以国家通用语言文字为基本用字，只有文物古迹，姓氏中的异体字，书法、篆刻等艺术作品，题词和招牌的手书字，出版、教学、研究中需要使用的，经国务院有关部门批准的特殊情况等可以保留或使用繁体字、异体字。

### （二）通用规范汉字表

《通用规范汉字表》（以下简称《字表》）于2013年颁布施行。内容包括说明、一级字表、二级字表、三级字表和附件。《字表》共收字8105个，其中一级字3500个，二级字3000个，三级字1605个。一级字主要满足基础教育和文化普及的基本用字需要，一级字和二级字主要满足出版印刷、辞书编纂和信息处理等方面的一般用字需要，三级字表是姓氏人名、地名、科技术语和中小学语文教材文言文用字中未进入一、二级字表中较通用的字，主要满足信息化时代与大众生活密切相关的专门领域的用字需要。为了方便古籍阅读、促进海峡两岸及港澳地区交流，《字表》附件收入《规范字与繁体字、异体字对照表》；为了方便笔画检索，附件收入《〈通用规范汉字表〉笔画检字表》。

### （三）通用规范汉字笔顺规范

《通用规范汉字笔顺规范》（以下简称《笔顺》）于2021年颁布施行。《笔顺》坚持稳定性原则、系统性原则和实用性原则，规定了《字表》所包含的8105个汉字的笔顺规范。对于每一个字，《字表》采用表格的形式，既详尽列举了其笔顺，同时用数字标明了每一笔顺的名称、在《字表》中的序号以及国际标准编码。例如"入"字，《笔顺》表示如下：

| 入<br>2画 | ノ<br>3 | 入<br>4 | 0011 | 05165 |
|---|---|---|---|---|

先是指出"入"字共"2画"，然后笔顺是先撇后点，其中"3"代表"撇"，"4"代表"点"，"0011"代表"入"在《字表》中的序号，"05165"代表国际标准编码。除了"3"和"4"外，基本笔画还包括横、竖、折，分别用数字"1""2"和"5"表示。

### （四）出版物上数字用法

《出版物上数字用法》于2011年颁布施行，规定了出版物上汉字数字和阿拉伯数字的用法。要求选用阿拉伯数字的情况是：用于计量的数字，如 34.05%；用于编号的数字，如公交车号 302 路公交车；已定型的含阿拉伯数字的词语，如维生素 $B_{12}$。要求选用汉字数字的情况是：非公历纪年，如"正月初五"；概数，如"一二十个"；已定型的含汉字数字的词语，如"七上八下"。另外，还规定了选用阿拉伯数字和汉字数字均可、数字形式的使用、汉字数字的使用以及阿拉伯数字与汉字数字同时使用的情况。

## 第三节　中学语文汉字教学案例分析

### 一、高中汉字专题研讨：××市住宅楼盘名称用字考察

1．教学目标

（1）鼓励学生深入社会、深入社区，参与社区的文化建设；

（2）运用掌握的知识，分析住宅楼盘名称用字的不规范现象，提高学生积极主动正确使用规范汉字的意识；

（3）运用掌握的知识，分析住宅楼盘名称用字的文化含义，激发学生对祖国语言文字的热爱和骄傲之情。

2．任务前准备

（1）查找资料，了解住宅楼盘名称的含义。

（2）查找资料，了解住宅楼盘名称用字分析的基本方法。

（3）深入社区，拍照并分类整理住宅楼盘名称用字。

3．任务中的工作

（1）分析住宅楼盘名称通名用字的理据。

（2）分析住宅楼盘名称专名用字或词语的文化含义。

（3）分析住宅楼盘名称的文化意义。

4．任务后的工作

（1）学生以小组为单位汇报研究成果。

（2）学生之间互相客观评价研究成果。

（3）教师从调研、方法和写作等方面进行评价。

学生作业：珠海市住宅楼盘名称的现存问题及命名动向

## 二、学生作业范例

### 【珠海市住宅楼盘名称的现存问题】

随着社会经济的不断发展，房地产竞争愈发激烈，为了扩大对其楼盘的宣传，有些开发商追逐所谓的潮流，盲目地对其楼盘进行命名，使名称与楼盘实际情况不符。在对珠海市1084个楼盘名称的调查中，笔者发现了以下现存问题。

### （一）洋名化现象严重

陈原在《社会语言学》一书中提到，借词的出现主要是为了填补词汇空缺或者是增强词汇本身的表现能力。但有些开发商为了博人眼球，标新立异，特地借用一些外来名称，与实际情况毫不相符，使人不知所以然。比如"横琴德国城""米兰丽都公寓""世航诺瑞比丽""五洲花城澳洲园"等。"德国城""澳洲园"的建筑实际与德国和澳洲的建筑风格相差甚远，而"米兰丽都"和"世航诺瑞比丽"虽然是专名，但没有区别意义，不符合中国人的审美习惯，让人听起来不知所云。

### （二）名不副实的通名现象

虽然大部分的楼盘名称都以"园""苑""城""广场"作为通名，但其却与楼盘的实际情况不符。在实地考察之后，笔者发现部分楼盘与通名差距过大，有些楼盘虽然以"花园"为名，但实际上绿化面积较小，不足楼盘面积的40%；有的以"城"为名，却没有封闭或半封闭的大型商贸建筑群；有的以"广场"为名，却没有方便市民休闲娱乐的公共场所。

### （三）楼盘名称过于相似

有些楼盘在命名的时候过于相似，听起来容易让人混淆。比如"惠景和园"和"惠景畅园"、"旭日华府"和"旭日华庭"、"龙光玖龙玺"和"龙光玖龙湾"、"中珠上城"和"中珠上郡"等，这些名称虽然都饱含寓意，但是只有一字之差，实在让人难以区分，通过名称分辨不出两个楼盘的差别，不利于楼盘的销售。

**【珠海市住宅楼盘名称的命名动向】**

### （一）专名的区别功能增强

传统的楼盘名称绝大多数是由专名定位，通名定类，通名没有所谓的区别意义。但是随着越来越多的房地产开发商在珠海驻扎，他们为了表明其楼盘的所属，会以开发商的名称作为专名，仅凭借不同的专名或不同的通名来区分旗下不同的住宅楼盘，比如：

恒大集团：恒大海泉湾花园、恒大云锦、珠海恒大滨江左岸

奥园集团：奥园天悦湾、奥园天悦广场、奥园航空学府

金地集团：金地格林泊乐、金地扑满花园、金地伊顿山

华发集团：华发四季、华发悦府、华发锋尚、华发山庄、华发新城、华发水岸

把开发商的名称放于楼盘名称之中，不仅可以增强消费者对该楼盘的信赖，还可以提高公司的知名度，产生品牌效应。

### （二）向多音节方向发展

在对珠海市住宅楼盘名称进行整合分析时，笔者发现，2000年以前的楼盘名称多以四音节词为主，而2015年后的新建楼盘名称除了无通名现象比较普遍之外，还朝多音节方向不断发展。究其原因，主要是珠海经济在2015年之后不断地发展，随着港珠澳大桥的开通，香港、澳门和珠海的联系更加密切，横琴自贸区的建设也推动着外商来珠海投资，吸引了一大批外来人口，所以购房的需求量大增。因此，许多开发商会采用多音节的命名方式来谋求新意，以此凸显自身楼盘的特色，激起消费者的购买欲。

### （三）具有浓郁的人居文化

开发商在为自身楼盘命名时不只采用自然景物，还注重回归传统，凸显人文精神，企图在纷杂的世界中提供一片净土，满足现代人的心理需求，体现独特的人居文化。比如"万科金域缇香""云山诗意花园""兰亭春晓""在水一方""文贤路聚贤园"等，这样的命名不仅儒雅大方，还富有诗意。

语言是社会发展的产物，而楼盘名称的命名也随着经济的发展而不断地发生变化，富有明显的时代气息。楼盘作为城市的其中一张名片，开发商在为楼盘命名时应慎重选词，不能为了扩大宣传而夸大用词，不符合自身的实际；同时，也不能为了标新立异而盲目借用一些不为人知的词语，让消费者不知所云。只有选取符合人们大众认知习惯、有明显区别而又有文化意义的词语，才能迎合消费者的需求，更好地扩大其在社会的影响力。

教师评语：该组学生通过实际调查，发现了珠海市部分住宅楼盘的名称存在的问题，如洋名化现象和名不副实等。在命名发展趋势中，专名的区别功能和浓郁的人居文化将成为发展方向，这既体现了公司品牌意识的增强，也体现了人们对宜居生活的追求。在研究时，主要从音节和文化的角度进行了探讨，如果能从汉字理据的角度进行分析，将更能体现专题的效果。

## 第四节　课外延伸阅读文献

1．《现代汉字学纲要》

《现代汉字学纲要》（第3版）（苏培成著）由商务印书馆于2014年出版，是现代汉字课程的教材，也是研究现代汉字的重要参考书。内容包括汉字的性质、现代汉字和现代汉字学、现代汉字的字频统计与分析、现代汉字的字量、现代汉字的构形法、现代汉字的构字法、现代汉字的简化和整理、现代汉字的字音、现代汉字的字序、汉字和中文信息处理、现代汉字的规范化、现代汉字的教学、海峡两岸的书同文和汉字的评价与前途等。尤其是现代汉字的教学，既介绍了中国古代的识字教学，也介绍了汉字教学以及识字心理研究，为中学语文教师进行汉字教学提供了理论和实践指导。

2．《文字学概要》

《文字学概要》（裘锡圭著）由商务印书馆于2003年出版，荣获第一届国家图书奖、首届思勉原创奖。该书结合传世文献与出土文字资料及考古发现，全面讨论了有关汉字的性质，汉字的形成、发展和演变过程，汉字的形体演变，汉字结构的基本类型，文字假借，文字分化与合并，字和字的形音义关系以及汉字整理和简化等问题，分析透彻、论证严谨、见解深刻而多有创意，对汉字学的研究有很大的贡献。该书出版以后影响深远，书中内容不但广为国内学者征引，而且全书已经被翻译成英、日、韩等多种文字，是国内外学者、教师和学生了解、研究汉字的重要参考书籍。该书是中学语文教师了解汉字的形体演变及汉字造字法重要的参考书。

3.《汉语文字学史》

《汉语文字学史》（增订本）（黄德宽、陈秉新著）由安徽教育出版社于2006年出版，入选第一届"三个一百"原创图书出版工程。该书分为四编，勾画出汉语文字学两千余年发展演进的总体脉络。在每编的开始，先简略介绍这一时期的历史文化背景，再通过讲述文字学史上的重要问题，展现不同时代汉语文字学的具体面貌。第一编为文字学的创立时期，介绍了文字学的萌芽和文字学的创立，重点是许慎与《说文解字》。第二编为文字学的消沉时期，介绍了从《说文解字》到字书的编纂、《说文解字》的传承和突破，重点是李阳冰、徐楷、徐铉和郑樵等对《说文解字》的传承和突破。第三编为文字学的振兴时期，内容包括清代的《说文》学、金石学的复兴和古文字学的分立，重点是"六书"理论的进展以及吴大澂、孙诒让诸家对古文字学的贡献。第四编为文字学的拓展时期，内容包括科学古文字学的建立、甲骨文研究、金文研究、战国文字研究、秦系文字研究、理论的探索和体系的建构、清末以来的汉字改革运动和世纪之交的文字学研究。该书是中学语文教师了解汉字研究发展史的重要参考书。

# 第三章　现代汉语与中学语文语法教学

## 第一节　中学语文语法教学

### 一、中学语文语法教学要求

《义务教育语文课程标准（2011年版）》在第二部分学段目标与内容的第三学段中指出，随文学习语法知识，用来帮助理解课文中的语言难点。第三部分实施建议"关于语法修辞知识"指出，本标准中涉及的语法知识内容，在教学中应根据语文运用的实际需要，从所遇到的具体实例出发进行指导和点拨。避免脱离实际运用，围绕相关知识的概念、定义进行"系统、完整"的讲授与操练。所附的"语法修辞知识要点"对相关内容略加展开，大致规定教学中点拨的范围和难度；这一部分提到有关的名称，则便于教师在引导学生认识语言现象和问题时称说。关于语言结构和运用的规律，须让学生在具有比较丰富的语言积累和良好语感的基础上，在实际运用中逐步体味把握。但是，词法、句法等方面的概念不作为考试内容。在"附录3　语法修辞知识要点"中分为五点。①词的分类：名词、动词、形容词、数词、量词、代词、副词、介词、连词、助词、语气词、叹词。②短语的结构：并列式、偏正式、主谓式、动宾式、补充式。③单句的成分：主语、谓语、宾语、定语、状语、补语。④复句的类型：并列、递进、选择、转折、因果、假设、条件。⑤常见修辞格：比喻、拟人、夸张、排比、对偶、反复、设问、反问。

《普通高中语文课程标准（2017年版2020年修订）》在课程内容"学习任务群4　语言积累、梳理与探究"中指出，在自主修改病句和分析句子结构的过程中，体会汉语句子的结构特点和虚词的作用，进一步领悟语法规律，但不追求知识点的全面与系统，切忌违背学生自主学习的精神，生硬灌输一些语言学条文。"学习任务群13　汉字汉语专题研讨"指出，要针对语言生活中的现实问题，例如网络语言，阅读相关论著，整理事实与数据，对社会上出现的语言热点问题展开讨论，用正确的观点与方法分析问题，得出结论，在实际语言运用中努力促进祖国语言文字健康发展。

## 二、对中学语文语法教学要求的认识

### （一）语法知识讲解的非系统化完整化

非系统化完整化讲解语法知识，是指教师不要把语法当作一门学科，像大学"现代汉语"或"语言学概论"课那样，单独安排课时集中进行教学，而要在语文学习的过程中，结合具体的实例，根据需要点拨指导学生学习汉语的词法和句法知识。《义务教育语文课程标准（2011年版）》之所以这样要求，是因为我国曾经把语法修辞知识作为中学语文教学的内容之一，但教学效果并不理想，学生反映教学内容枯燥乏味，没有语法修辞知识还知道怎么说话、写作，学了以后反而不知道怎么去说和写，再加上汉语语法的许多方面仍然具有争议，如什么是词、汉语句法成分以及"的"的使用规律等，这也给实际教学增加了难度。

虽然说人们都会讲话、会写作文，甚至一些没学过"现代汉语"的人也能成为著名作家，但这并不代表他们懂得汉语语法，他们所拥有的汉语知识是一种隐性语法知识，而不是显性语法知识。当他们在选择词语时，当他们感觉句子不对时，当他们与别人辩论想反驳对方时，只能凭感觉选择词语、修改句子和反驳对方，而不能运用相关语法规则迅速准确地"切中要害"。如"中学时代打下的坚实的基础知识，为他进一步自学创造了条件"这句话是有语病的，如果不懂定语和中心语的知识，就不能迅速判定"打下的"和"基础知识"是不能组合在一起的。为什么有的学生要将病句读十几遍甚至二十几遍才能搞清楚其错在哪里？那是因为他们拥有的只是一种隐性的语法知识，而不具有相关的显性语法知识及相应的运用其分析和解决问题的能力。

### （二）词法句法等知识不作为考试内容

词法句法等知识不作为考试内容，是指在考试试卷中不直接考核学生什么是名词、什么是动词、什么是形容词等词类知识，以及短语结构类型和复句类型等知识。这样做主要是为了避免出现教师在课堂上把语法知识当作理论直接讲授而学生死记硬背相关知识的情况。此外，这也是因为考试具有指挥棒的作用，如果在考试中出现词法、句法等内容，教师即使在课堂上不系统性、完整性地讲授，学生也会尽力去掌握，无法真正实现语文教学改革提高学生语文素养的目的。

但是，在考试中不考核词法句法等知识，不等于学生不需要掌握这些知识。如果不掌握这些知识，对词法句法等知识只是囫囵吞枣或似是而非地了解，停留在感觉阶段，连陈述性知识都不具备的话，也就谈不上具有自由地运用语法知识去理解鉴赏汉语语言的能力，因为知识是能力的基础。所以，作为学生，不仅要掌握词法句法等知识，更要掌握相关概念及相互间的区别，能够举例，也能举出其反例，这样反复练习，从而提升能力。

我们上面所讲的掌握概念、掌握与相近概念的区别以及能够进行举例，是概念学习的重要策略，而概念学习是提升能力的重要基础，只有掌握了概念，才谈得上概念的具体应用；只有掌握了概念，才能迅速将相关现象从表象上升到理论层面；只有掌握了概念，才能快速有效地提升语文素养。

### （三）具体实例中点拨指导词法、句法等

在具体实例中点拨指导词法句法等，是指使学生随文学习语文知识，而语文知识的学习是为了理解课文。对此，叶圣陶先生说，对待学生不必像对待老师那样，要求其"知其所以然"，"语法、修辞教得详细甚至于繁琐，徒然使学生厌倦，还是要简单地教一些，而在他们听说读写的实践中随时给他们指点启发的好"[①]。

但是，如何在具体实例中点拨指导词法句法呢？对此，《义务教育语文课程标准（2011年版）解读》也没有给出明确的答案，只是对过去的做法从理论上进行了评判，认为过去普遍流行的语文课教学很大程度上把知识"分离、隔绝、'箱格化'"，不能适应工业化时代和信息化时代对人的发展要求。

笔者发现，当前学者们随文讲解语法知识，主要有三种方式。一是随文从正面的角度讲授点拨语法，如讲解人教版初中七年级语文下册

---

[①] 叶圣陶：《关于师范教育》，见《教育与人生——叶圣陶教育论著选读》，上海教育出版社2004年版，第187页。

《爸爸的花儿落了》这篇文章最后一句话"爸爸的花儿落了,我已不再是小孩子"时,带领学生一起分析前半句话的主语是"爸爸的花儿",谓语是"落了",后半句话的主语是"我",谓语是"已不再是小孩子"。"我"是人,而"爸爸的花儿"是物,为什么作者不直接写"爸爸离开了我们"?其实,这样写既表达了作者不忍心直接述说爸爸的去世,同时也回应了文章标题以及课文的线索,增强了文章的条理性和情感的明晰性。

二是运用随文替换或删除的方法加强对课文的理解。如陆俭明在释例杏林子的小品文《生命·生命》中指出,可以提出"'在灯下'这个状语能否不用?为什么?""'不断地'这个修饰语能否不用,为什么?""'那样强烈!那样鲜明!'里的'那样'是否可以换成'十分'或'非常'?为什么?"[①]

三是随文带领学生发现违反语法常规现象的例子,加深对课文的理解。如《〈普通高中语文课程标准(2017年版2020年修订)〉解读》举了鲁迅《祝福》中的一句话作为例子:"她一手提着竹篮。内中一个破碗,空的;一手拄着一支比她更长的竹竿,下端开了裂。"在这句话中,"空的"是定语,修饰"破碗","下端开了裂"是定语,修饰"竹竿",违反了汉语语法的一般规律(修饰语位于中心语之前),作者这样写的目的是什么?

## 第二节　中学语文语法教学必备知识

### 一、词的分类

#### (一) 词类划分的标准

词类划分的标准是语法功能标准,即词在句子中的组合关系和聚合关系。组合关系是指一个词可以与什么词在一起连用,不可以与什么词一起连用。如"桌子"可以与数量词"一张"连用,也可以与形容词"崭新"连用,但不能与副词"很"或动态助词"着、了、过"连用。聚合

---

① 陆俭明:《现代汉语语法研究教程》,北京大学出版社2014年版,第335-336页。

关系是指该词在句子中的句法功能，如名词"桌子"在句子中可以做主语，也可以做宾语。例如："桌子被人偷走了"这句话中，"桌子"是主语；"我买了一张桌子"这句话中，"桌子"是宾语。

温儒敏主编的初中《语文》（人民教育出版社 2016 年版）教材，在一些课文后面以知识拓展的方式对词类进行了介绍。但其采用的分类标准主要是意义标准，这样有利于学生的理解。比如名词，有的表示人，如"娃娃""姑娘""青年""农夫"；有的表示具体的事物，如"绿萍""水藻""铃铛""镰刀""蟋蟀"；有的表示抽象的事物，如"精神""传统""法律""爱情"；还有的表示时间，如"秋天""昨天""过去""早晨"。这些都不难区分，使用时也不太容易出错。

作为教师，必须知道这样做是为了便于学生理解，但从科学的角度来看是不可取的，如"刚刚"也表示时间，和它意义相近的一词"刚才"也表示时间，是不是两个都是名词呢？其实不是，"刚才"是名词，"刚刚"是副词，因为"刚才"像"秋天""昨天""过去""早晨"那样，具有相同的语法功能，即能受介词"在"的修饰，作介词宾语，而"刚刚"不可以。

## （二）词类的语法特征

词根据能否充当句法成分，可以分为实词和虚词。实词包括名词、动词、形容词、数词、量词、代词和副词，虚词包括介词、连词、助词、语气词和叹词。

### 1. 名词

名词主要做主语和宾语，大部分可以受数量词的修饰，表示人或事物或时间。

（1）专有名词。如：鲁迅、中国、岭南师范学院。
（2）具体名词。如：姑娘、桌子、工人。
（3）抽象名词。如：精神、爱情、意识。
（4）时间名词。如：昨天、晚上、春天。
（5）方位名词。如：里、左、外边。

### 2. 动词

动词主要做谓语，大部分可以带动态助词"着、了、过"，表示动作或行为。

(1) 动作动词。如：听、睡、调查。
(2) 心理动词。如：喜欢、厌恶、想念。
(3) 变化动词。如：增加、扩大、减少。
(4) 能愿动词。如：应该、必须、可能。
(5) 趋向动词。如：来、去、上。
(6) 判断动词。如：是。

3. 形容词

形容词主要做谓语或定语，大部分形容词可以受副词的修饰，主要表示人或事物的性质或状态。
(1) 性质形容词。如：好、漂亮、干净。
(2) 状态形容词。如：碧绿、苍白、绿油油。
(3) 区别词。如：黑白、慢性、超音速。

4. 数词

数词与量词一起修饰名词做定语，主要表示数量的多少。
(1) 确数词。如：二、三千、五万。
(2) 概数词。如：七八（个）、十来（个）、三十几。
(3) 序数词。如：第三、初六、老大。

5. 量词

量词与数词一起修饰名词做定语，主要表示事物的单位。
(1) 名量词。如：台、张、条。
(2) 动量词。如：次、回、遍。

6. 代词

代词一般做主语或宾语，主要起指代作用。
(1) 人称代词。如：我、他们、自己。
(2) 指示代词。如：这、那儿、这里。
(3) 疑问代词。如：什么、哪儿、怎么样。

7. 副词

副词一般用在动词或形容词的前边，起修饰限制的作用，只能做状语，表示程度、范围、时间、频率或语气等。
(1) 程度副词。如：很、非常、比较。
(2) 范围副词。如：都、只、仅仅。
(3) 时间副词。如：刚刚、已经、立刻。

（4）频率副词。如：总是、常常、曾经。
（5）语气副词。如：难道、简直、究竟。

8．介词

介词一般用在名词或代词的前边，与名词或代词一起做状语，主要表示对象、方向、地点、时间、比较等。

（1）表示对象。如：对、对于、向。
（2）表示方向。如：朝、沿着、顺着。
（3）表示地点。如：在、于。
（4）表示时间。如：从、当、自。
（5）表示比较。如：比、跟、同。

9．连词

连词起连接作用，连接词、短语、分句和句子等，表示并列、选择、转折、递进、条件、因果等关系。

（1）连接词或短语。如：和、跟、与。
（2）连接短语或分句。如：而且、并且、或者。
（3）连接分句。如：不但、虽然、如果。

10．助词

助词一般附着在实词、短语或句子后面，表示结构关系或动态等语法意义。

（1）结构助词。如：的、地、得。
（2）动态助词。如：着、了、过。

11．语气词

语气词主要用在句子的末尾，表示陈述、疑问、祈使或感叹的语气。

（1）陈述语气。如：吧、呢、嘛。
（2）疑问语气。如：呢、吧、啊。
（3）祈使语气。如：吧、了、啊。
（4）感叹语气。如：啊。

12．叹词

叹词是指表示感叹、呼唤或应答的词，在句子中充当独立成分。

如：啊、哎、喂、嗯。

## 二、短语结构

短语是由语法上能够搭配的词组合起来的没有句调的语言单位,又叫"词组"。根据短语中词与词之间结构上的关系,可以把短语分成并列短语、偏正短语、主谓短语、动宾短语和补充短语。

1. 并列短语

并列短语由两个或两个以上的名词、代词、动词或形容词组成,词和词之间的关系是平等关系,没有轻重主次之分。如:老师和学生、调查和研究、改革开放。

2. 偏正短语

偏正短语由有修饰关系的两部分组成,修饰部分在前面,叫修饰语,被修饰的部分在后面,叫中心语。偏正短语可分为定中短语和状中短语。定中短语如:伟大的祖国、安徽人、美丽的姑娘。状中短语如:刚走、快跑、慢慢地说。

3. 主谓短语

主谓短语由有陈述关系的两部分组成,前面被陈述部分是主语,主要由名词和代词充当,用来陈述的是谓语,主要由动词和形容词充当。如:今天星期三、他结婚了、阳光灿烂。

4. 动宾短语

动宾短语由有支配、涉及关系的两部分组成,前面起支配作用的一般是动词,后边是受动词支配的宾语。如:购买粮食、热爱学生、听歌。

5. 补充短语

补充短语由有补充关系的两个部分组成,前面被补充部分是中心语,由动词或形容词充当,后面补充部分是补语,有的补语前面有助词"得"做标志。如:写得好、看了三次、讲得好。

## 三、单句成分

单句成分,又称"句法成分",指句法结构在句子中所作的成分,主要有主语、谓语、宾语、定语、状语和补语。

1. 主语

主语用于被陈述的对象,组成主谓结构,放在谓语的前面,常由名词或代词充当。

## 2. 谓语

谓语用于陈述对象,组成主谓结构,放在主语的后面,常由动词或形容词充当。

## 3. 宾语

宾语用于动作支配的对象,组成动宾结构,放在谓语的后面,常由名词或代词充当。

## 4. 定语

定语用于修饰名词性主语和宾语,组成定中结构,放在中心语的前面,常由形容词、数量词、名词、代词充当。

## 5. 状语

状语用于修饰动词性或形容词性谓语,组成状中结构,放在中心语的前面,常由副词充当。

## 6. 补语

补语用于补充说明动作或形容词的结果或状态,组成中补结构,放在中心语的后面,常由形容词或趋向动词充当。

例如:人民解放军正以自己的英雄式的战斗,坚决地执行毛主席朱总司令的命令。(毛泽东《我三十万大军胜利南渡长江》)其中,"人民"做定语,"解放军"做主语,"正以自己的英雄式的战斗"做状语,"坚决地"做状语,"执行"做谓语,"毛主席朱总司令"做定语,"命令"做宾语。

## 四、复句类型

复句是由两个单句构成的句子,根据句子之间的关系可以分为联合复句和偏正复句,其中联合复句包括并列复句、递进复句和选择复句,偏正复句包括转折复句、因果复句、假设复句和条件复句。

### (一)联合复句

1. 并列复句

(1)平列。例如:"他一边收拾行李,一边认真思考刚才谈的问题。"

(2)对举。例如:"悲观的人虽生犹死,乐观的人永生不老。"

2. 递进复句

(1)一般递进。例如:"他不但人好,而且很有钱。"

（2）衬托递进。例如："现在年近40的教授尚且都要考博士，何况他刚刚过了30岁，更何况他仅仅是个副教授。""愿为事业献青春，献了青春献终身，献了终身献儿孙。"

3．选择复句

（1）未定选择。例如："他是忘了，还是故意不来？"

（2）已定选择。例如："我宁可轰轰烈烈去死，也不要默默无闻而活。"

## （二）偏正复句

1．转折复句

（1）重转。例如："虽然权势是一头固执的熊，可是金子可以拉着他的鼻子走。"

（2）轻转。例如："她曾经是个爱哭的女孩子，可是漫长的岁月使她变得刚毅。"

（3）弱转。例如："我并没有什么过人之处，不过做事认真罢了。"

2．因果复句

（1）说明。例如："知识的海洋是无穷无尽的，因此，学习是无止境的。"

（2）推论。例如："我们既然拿来了，就不带回去了。"

3．假设复句

（1）一致。例如："如果不互相尊重，爱也难以持久。"

（2）相背。例如："即使他来了，我也不见。"

4．条件复句

（1）充足条件。例如："只要多读多写，作文就会有进步。"

（2）必要条件。例如："只有坚持党的领导，中国才能走向富强。"

（3）无条件。例如："无论什么人来，她都热情地接待。"

## 第三节　中学语文语法教学案例分析

### 【案例一】2019 年高考语文 I 卷

语言文字运用

……

<u>正因为古琴音量小，使得它是直接和你的心进行交流的乐器，是最个人化的乐器</u>，我国古代就有"琴者，心也""琴者，禁也"的说法。

……

文中画横线的句子有语病，下列修改最恰当的一项是（　　）。

A. 正因为古琴音量小，所以使得它是直接和你的心进行交流的最个人化的乐器。

B. 正是古琴音量小，使得它是直接和你的心进行交流的乐器，是最个人化的乐器。

C. 正是音量小，使得古琴成为和你的心进行交流的乐器，是最个人化的乐器。

D. 正因为音量小，使得古琴成为直接和你的心进行交流的最个人化的乐器。

【解析】原句"使得它是"有误。"使得"句缺主语，"使得"和"是"搭配不当。C 项对应修改正确，故选 C。

病句的修改，首先要从语法的角度进行分析，即看句子成分是否完整。"使得"句或使动式结构的句子是常考的句型之一，其语病往往是主语残缺，而主语残缺的主要原因是"使得"句前面的一个成分是介词结构，该句也是如此，"正因为古琴音量小"中的"因为"是一个介词，而不是连词，如果"因为"是一个连词，是不能受副词"正"修饰的。另外，"使得"后面的宾语一般是一个表示变化的主谓结构，而不能是一个判断句，判断句不表示变化，这样我们就可以非常清楚地辨别出只有 C 是正确的。

## 【案例二】2020年高考语文Ⅰ卷

语言文字运用

在中国各种艺术形式中，篆刻是一个十分独特的门类。篆刻是从实用印章的应用中发展而来的，中国的印章最初用在制陶工艺方面，上面镌刻的是图案、花纹或族徽，到春秋战国时期，刻有官职名或人名的文字印章得到普遍使用，唐宋以后，由于文人士大夫参与到印章的创作中，使这门从前主要由工匠承揽的技艺，增加了人文意味，印章不再局限于用来昭示身份与权力，……

文中画波浪线的句子有语病，下列修改最恰当的一项是（　　）。

A. 由于文人士大夫参与到印章的创作中，使这门从前主要由工匠传承的技艺，增加了人文意味

B. 由于文人士大夫参与到印章的创作中，这门从前主要由工匠承揽的技艺，增加了人文意味

C. 文人士大夫参与到印章的创作中，使这门从前主要由工匠承揽的技艺，增加了人文意味

D. 文人士大夫参与到印章的创作中，使这门从前主要由工匠传承的技艺，增加了人文意味

【解析】病句的修改仍然坚持语法与语用相结合的原则。画线句子比较明显的错误是修饰语"承揽"和"技艺"搭配不当，"承揽"一般搭配"工程、项目、建设"，是一个尚待完成的工程；而"技艺"只能是学习和传承的对象，它是一个抽象名词，而不是一个具体名词。修改后的句子，A句错误使用"由于……使……"，使得该句主语残缺，可以排除A，而B和C由于"承揽"使用错误，因此正确答案是D。这里需要注意的是，"由于"和"因为"一样，既可以作连词，也可以作介词，但在单句之中，"由于"和"因为"一样，一般是介词。

## 【案例三】2021年高考语文Ⅰ卷

语言文字运用

…………

元宵线上活动直播间里_____，一场关于党史知识和传统民俗知识的直播宣讲"圈粉"无数，辖区党员、青年志愿者以及现场观众_____地进入直播间，感受节日的欢快气氛。宣讲员平易的话语、幽默的口吻以

及宣讲内容十分接地气,导致收看直播的群众既听得进又记得牢。

文中画波浪线的句子有语病,下列修改最恰当的一项是(　　)。

A. 宣讲员话语平易,口吻幽默,宣讲内容也十分接地气,这导致收看直播的群众既听得进又记得牢。

B. 宣讲员话语平易,口吻幽默,宣讲内容也十分接地气,导致收看直播的群众既听得进又记得牢。

C. 宣讲员平易的话语、幽默的口吻以及宣讲内容十分接地气,这使得收看直播的群众既听得进又记得牢。

D. 宣讲员平易的话语、幽默的口吻以及十分接地气的宣讲内容,使得收看直播的群众既听得进又记得牢。

【解析】本题主要考核《普通高中语文课程标准(2017年版2020年修订)》"学习任务群4　语言积累、梳理与探究"中的"在自主修改病句和分析句子结构的过程中,体会汉语句子的结构特点和虚词的作用,进一步领悟语法规律"。可以说,病句辨别与修改曾是高考语文重要的考试内容之一,但是随着淡化语法的呼声越来越高,病句分析曾经淡出高考语文试卷。2021年,高考语文试卷再度出现病句修改,显示了语文学界对病句分析的重视,但其出现的形式已发生变化,不再是单独出现四个句子,让学生辨析是否有语病,而是出现在句段中,不是辨别,而是告诉学生这句话是病句,让学生去修改,体现了语文学习的应用性和生活性。可以预测,在以后的考试中,病句修改这个板块将会进一步改革,不告诉学生哪一句话是病句,让学生在语段中自主判断自主修改,从而体现《普通高中语文课程标准(2017年版2020年修订)》中"在自主修改病句和分析句子的结构过程中,体会汉语句子的结构特点"的要求。

病句的辨别与修改的主要步骤是:一看语法,即成分是否完整,语序是否正确,搭配是否合乎语义;二看语言,即从感情色彩、句式选择和语体的角度判定其是否准确。

该题主要涉及语言的两个方面。一是词语的感情色彩,"导致"后面所接的成分一般表示不好的结果,这与后文表达的群众愿意听并且记得牢相违背;二是句式的选择,"平易的话语"和"幽默的口吻"都是偏正结构,从句式平整性角度来讲,后面的并列成分也需要是偏正结构,即"十分接地气的宣讲内容"。因此,确定该题的正确答案是D。

## 第四节　课外延伸阅读文献

1. 《面向语文教学的汉语语法应用研究》

《面向语文教学的汉语语法应用研究》见于《现代汉语语法研究教程》（第 4 版），作者为陆俭明，由北京大学出版社于 2013 年出版。陆俭明老师在肯定了语感的重要性后指出，对学生进行适当点拨并恰到好处地给学生讲授一点语言知识，不仅有助于老师教，也有利于学生学。从提高语文素养的角度，陆老师提出中小学生需要学习的语言知识包括字词方面的知识、词语选择方面的知识、句式选择方面的知识、虚词的知识和必要的写作知识，然后重点从关于词语和修饰成分的讲解、关于虚词的讲解和关于句式的选择的讲解三个方面举例讲述了如何在语文教学中讲述这些知识，在讲解时主要采用将不同的词语或句式进行对比等方式进行阐述，为中小学语文教师随文讲述语法知识提供了借鉴。

2. 《中小学语言教学概论》

《中小学语言教学概论》的主编为庄文中，由商务印书馆于 2006 年出版。该书是国内关于中小学语文语言教育的重要参考书，内容包括绪论、中小学语言教学的教学目的和教学内容、说写能力、理解能力、选用能力、评价能力、创造能力以及中小学生运用的要求。尤其是第三章"理解能力"，列举了 1981 年版初中语文、1986 年版初中《写作》、1987 年版初中语文和 1993 年版九年制义务教育初中语文语法教学内容的变化情况，提出了"词、短语、单句的三位一体教学"，倡导养成分析语句的习惯，并且进行了实际举例，为中小学语文教师，尤其是中学语文教师随文讲述语法知识提供了借鉴。

这里需要指出的是，"词、短语、单句的三位一体教学"模式，仍然是在讲语法的基础上提出的。这在当时应该是有进步意义的，因为它打通了词、短语、单句之间的关系，变单纯的语法学习为有意义的学习。但这种方式已不适应新的语文素养培养的要求，教师要随文在句子句群中点拨语法知识，指导帮助学生发现汉语的语法规则，从而增强学生对语言文字的热爱之情。

3.《〈普通高中语文课程标准（2017年版2020年修订）〉解读》中的"学习内容"之"学习任务群4"和"学习任务群13"

《〈普通高中语文课程标准（2017年版2020年修订）〉解读》由《普通高中语文课程标准（2017年版2020年修订）》修订组编写，由高等教育出版社于2021年出版。"学习任务群4"的撰写人为《普通高中语文课程标准（2017年版2020年修订）》修订组组长王宁，内容包括三个部分。一是价值与定位。二是学习目标与内容，具体目标包括古今词汇与语义的分析和梳理以及增长词汇与句法运用的能力。三是教学提示，提出了三种教学设计类型："积累—梳理—运用—探究"式，在积累的基础上梳理探究词义或语法的变化规则；"积累—梳理—验证—创新"式，主动积累发现与常用汉语语法规则不同的语言事实，在梳理的基础上验证语言事实，并通过讨论做出新的判断；"运用—梳理—探究"式，在实际文化参与中，主动搜集语言现象，进行梳理探究，从而得出结论。整体来看，这三种教学模式难度都比较大，因为原来学生只需学习相关语言研究结果，但现在要求学生自己去发现问题、分析问题和解决问题。

# 第四章 现代汉语与中学语文语言运用教学

《义务教育语文课程标准（2011年版）》和《普通高中语文课程标准（2017年版2020年修订）》中关于语言运用的表述及教学、评价和命题建议如下。

《义务教育语文课程标准（2011年版）》共有三个部分：第一部分为前言，包括课程性质、课程基本理念、课程设计思路；第二部分为课程目标与内容，包括总体目标与内容、学段目标与内容；第三部分为实施建议，包括教学建议、评价建议、教材编写建议、课程资源开发与利用建议。另外，正文后还有附录（1～5），分别为：优秀诗文背诵推荐篇目，关于课外读物的建议，语法修辞知识要点，识字、写字教学基本字表，义务教育语文课程常用字表。

在第三部分实施建议之"教学建议"（具体建议）中，有这样的表述：关于语言结构和运用的规律，须让学生在具有比较丰富的语言积累和良好语感的基础上，在实际运用中逐步体味把握。在"评价建议"（具体建议）中，有这样的表述：语文知识的学习重在运用，其概念不作为考试内容；词法、句法等方面的概念不作为考试内容。

《普通高中语文课程标准（2017年版2020年修订）》共有六个部分：第一部分为课程性质与基本理念；第二部分为学科核心素养与课程目标；第三部分为课程结构，包括设计依据、结构、学分与选课；第四部分为课程内容，包括学习任务群、学习要求；第五部分为学业质量，包括学业质量内涵、学业质量水平、学业质量水平与考试评价的关系；第六部分为实施建议，包括教学与评价建议、学业水平考试与高考命题建议、教材编写建议、课程资源的利用与开发、地方和学校实施本课程的建议。另外，正文后还有附录（1～2）：古诗文背诵推荐篇目、关于课内外读物的建议。

第二部分学科核心素养与课程目标的"学科核心素养"提出，学科核心素养主要包括"语言建构与运用""思维发展与提升""审美鉴赏与创造""文化传承与理解"四个方面。语言建构与运用是指学生在丰富的语言实践中，通过主动的积累、梳理和整合，逐步掌握祖国语言文字特点及其运用规律，形成个体言语经验，发展在具体语言情境中正确有效地运用祖国语言文字进行交流沟通的能力。此外，该部分还指出，语文学科核心素养的四个方面是一个整体，语言建构与运用是语文学科核心素养的基础，在语文课程中，学生的思维发展与提升、审美鉴赏与创造、文化传承与理解，都是以语言的建构与运用为基础，并在学生个体言语经验发展过程中得以实现的。

在第六部分实施建议的"学业水平考试与高考命题建议"部分，"命题思路与框架"提出：考试、测评题目应以具体的情境为载体，以典型任务为主要内容。减少针对单一知识点或能力点的简单、碎片化的试题数量，应体现语文素养的综合性、整体性。"命题和阅卷原则"提出：以情境任务作为试题主要载体，让学生在个人体验、社会生活和学科认知等特定情境中完成不同的学习任务，以呈现学生语文素养的多样化。以综合考查作为命题导向，通过综合性语言实践活动，考查学生语文学习的能力和水平。避免以单纯的知识点和能力点设计考题，避免死记硬背。倡导综合性的测试形式，可围绕情境选择相关材料，设置一组有内在联系的、指向核心素养的问题或任务。2018年以来的高考题，对语言运用的考查基本为围绕语段设计一组相关题目。

本章着重从标点符号的使用、词语（包括熟语、关联词语）的使用两个方面谈现代汉语与中学语文语言运用教学。

## 第一节 标点符号的使用

### 一、中学语文标点符号使用教学和学习要求

《义务教育语文课程标准（2011年版）》第二部分课程目标与内容在"总目标"之下，提出了"学段目标与内容"，四个学段分别从"识字与写字""阅读""写话（习作、写作）""口语交际""综合性学习"五个方面提出了要求，标点符号的使用分别体现在各学段的"阅读"和"写话（习作、写作）"中。

"学段目标与内容"中关于标点符号使用的要求如下：

第一学段（1~2年级）：

阅读：认识课文中出现的常用标点符号。在阅读中体会句号、问号、感叹号所表达的不同语气。

写话：根据表达的需要，学习使用逗号、句号、问号、感叹号。

第二学段（3~4年级）：

阅读：在理解语句的过程中，体会句号与逗号的不同用法，了解冒号、引号的一般用法。

习作：根据表达的需要，正确使用冒号、引号等标点符号。

第三学段（5~6年级）：

阅读：在理解课文的过程中，体会顿号与逗号、分号与句号的不同用法。

习作：根据表达需要，正确使用常用的标点符号。

第四学段（7~9年级）：

写作：正确使用常用的标点符号。

另外，历年高考试卷中偶有涉及标点符号用法的试题，如2020高考全国语文Ⅰ卷涉及破折号的用法。

## 二、标点符号使用必备知识

关于标点符号的使用，可参考中华人民共和国国家标准《标点符号用法》（GB/T 15834—2011）。

### （一）标点符号用法

1. 范围

本标准规定了现代汉语标点符号的用法。

本标准适用于汉语的书面语（包括汉语和外语混合排版时的汉语部分）。

2. 术语和定义

（1）标点符号。

辅助文字记录语言的符号，是书面语的有机组成部分，用来表示语句的停顿、语气以及标示某些成分（主要是词语）的特定性质和作用。

（2）句子。

前后都有较大停顿、带有一定的语气和语调、表达相对完整意义的语言单位。

（3）复句。

由两个或多个在意义上有密切关系的分句组成的语言单位，包括简单复句（内部只有一层语义关系）和多重复句（内部包含多层语义关系）。

（4）分句。

复句内两个或多个前后有停顿、表达相对完整意义、不带有句末语气和语调、有的前面可添加关联词语的语言单位。

（5）语段。

语段指语言片段，是对各种语言单位（如词、短语、句子、复句等）不做特别区分时的统称。

3．标点符号的种类

（1）点号。

点号的作用是点断，主要表示停顿和语气。分为句末点号和句内点号。

句末点号：用于句末的点号，表示句末停顿和句子的语气。包括句号、问号、叹号。

句内点号：用于句内的点号，表示句内各种不同性质的停顿。包括逗号、顿号、分号、冒号。

（2）标号。

标号的作用是标明，主要标示某些成分（主要是词语）的特定性质和作用。包括引号、括号、破折号、省略号、着重号、连接号、间隔号、书名号、专名号、分隔号。

4．标点符号的定义、形式和用法

（1）句号。

句号是句末点号的一种，主要表示句子的陈述语气。句号的形式是"。"。

【基本用法】

a）用于句子末尾，表示陈述语气。是否使用句号主要根据语段前后有无较大停顿、带有陈述语气和语调，并不取决于句子的长短。如：

①北京是中华人民共和国的首都。

②（甲：咱们走着去吧?）乙：好。

b) 有时也可表示较缓和的祈使语气和感叹语气。如：

①请您稍等一下。
②我不由得感到，这些普通劳动者也同样是很值得尊敬的。

【补充规则】图或表的短语式说明文字，中间可用逗号，但末尾不用句号。即使有时说明文字较长，前面的语段已出现句号，最后结尾处仍不用句号。如：

①行进中的学生方队
②经过治理，本市市容市貌焕然一新。这是某区街道一景

(2) 问号。

问号是句末点号的一种，主要表示句子的疑问语气。问号的形式是"？"。

【基本用法】

a) 用于句子末尾，表示疑问语气（包括反问、设问等疑问类型）。是否使用问号主要根据语段前后有无较大停顿、带有疑问语气和语调，并不取决于句子的长短。如：

①你怎么还不回家去呢？
②难道这些普通的战士不值得歌颂吗？
③（一个外国人，不远万里来到中国，帮助中国的抗日战争。）这是什么精神？这是国际主义的精神。

b) 选择问句中，通常只在最后一个选项的末尾用问号，各个选项之间一般用逗号隔开。当选项较短且选项之间几乎没有停顿时，选项之间可不用逗号。当选项较多或较长，或有意突出每个选项的独立性时，也可每个选项之后都用问号。如：

①诗中记述的这场战争究竟是真实的历史描述，还是诗人的虚构？
②这是巧合还是有意安排？
③要一个什么样的结尾：现实主义的？传统的？大团圆的？荒诞的？

民族形式的？有象征意义的？

④（他看着我的作品称赞了我。）但到底是称赞我什么：是有几处画得好？还是什么都敢画？抑或只是一种对于失败者的无可奈何的安慰？我不得而知。

⑤这一切都是由客观的条件造成的？还是由行为的惯性造成的？

c）在多个问句连用或表达疑问语气加重时，可叠用问号。通常应先单用，再叠用，最多叠用三个问号。在没有异常强烈的情感表达需要时，不宜叠用问号。如：

这就是你的做法吗？你这个总经理是怎么当的？？你竟敢这样欺骗消费者？？？

d）问号也有标号的用法，即用于句内，表示存疑或不详。如：

①马致远（1250？—1321），大都人，元代戏曲家、散曲家。
②钟嵘（？—518），颍川长社人，南朝梁代文学批评家。
③出现这样的文字错误，说明作者（编者？校者？）很不认真。

【补充规则】使用问号应以句子表示疑问语气为依据，并不因为句子中包含疑问词。当含有疑问词的语段充当某种句子成分，但句子并不表示疑问语气时，句末不用问号。如：

①他们的行为举止、审美趣味，甚至读什么书，坐什么车，都在媒体掌握之中。
②谁也不见，什么也不吃，哪儿也不去。
③我也不知道他究竟躲到什么地方去了。

(3) 叹号。
叹号是句末点号的一种，主要表示句子的感叹语气。叹号的形式是"！"。
【基本用法】
a）用于句子末尾，主要表示感叹语气，有时也可表示强烈的祈使语气、反问语气等。是否使用叹号主要根据语段前后有无较大停顿、带有感叹语气和语调或带有强烈的祈使、反问语气和语调,并不取决于句子的长短。

①才一年不见,这孩子都长这么高啦!
②你给我住嘴!
③谁知道他今天是怎么搞的!

b) 用于拟声词后,表示声音短促或突然。如:

①咔嚓! 一道闪电划破了夜空。
②咚! 咚咚! 突然传来一阵急促的敲门声。

c) 表示声音巨大或声音不断加大时,可叠用叹号;表达强烈语气时,也可叠用叹号,最多叠用三个叹号。在没有异常强烈的情感表达需要时,不宜叠用叹号。如:

①轰!! 在这天崩地塌的声音中,女娲猛然醒来。
②我要揭露! 我要控诉!! 我要以死抗争!!!

d) 当句子包含疑问、感叹两种语气且都比较强烈时(如带有强烈感情的反问句和带有惊愕语气的疑问句),可在问号后再加叹号(问号、叹号各一)。如:

①这么点困难就能把我们吓倒吗?!
②他连这些最起码的常识都不懂,还敢说自己是高科技人才?!

(4)逗号。

逗号是句内点号的一种,表示句子或语段内部的一般性停顿。逗号的形式是","。

【基本用法】

a) 复句内各分句之间的停顿,除了有时用分号,一般都用逗号。如:

①不是人们的意识决定人们的存在,而是人们的社会存在决定人们的意识。
②学历史使人更明智,学文学使人更聪慧,学数学使人更精细,学考古使人更深沉。
③要是不相信我们的理论能反映现实,要是不相信我们的世界有内在和谐,那就不可能有科学。

b) 用于下列各种语法位置:
第一,较长的主语之后。如:

①苏州园林建筑各种门窗的精美设计和雕镂功夫,都令人叹为观止。

第二,句首的状语之后。如:

②在苍茫的大海上,狂风卷集着乌云。

第三,较长的宾语之前。如:

③有的考古工作者认为,南方古猿生存于上新世至更新世的初期和中期。

第四,带句内语气词的主语(或其他成分)之后,或带句内语气词的并列成分之间。如:

④他呢,倒是很乐意地、全神贯注地干起来了。
⑤(那是个没有月亮的夜晚。)可是整个村子——白房顶啦,白树木啦,雪堆啦,全看得见。

第五,较长的主语中间、谓语中间或宾语中间。如:

⑥母亲沉痛的诉说,以及亲眼见到的事实,都启发了我幼年时期追求真理的思想。
⑦那姑娘头戴一顶草帽,身穿一条绿色的裙子,腰间还系着一根橙色

的腰带。

⑧必须懂得，对于文化传统，既不能不分青红皂白统统抛弃，也不能不管精华糟粕全盘继承。

第六，前置的谓词之后或后置的状语、定语之前。如：

⑨真美啊，这条蜿蜒的林间小路。
⑩她吃力地站了起来，慢慢地。
⑪我只是一个人，孤孤单单的。

c）用于下列各种停顿处：

第一，复指成分或插说成分前后。如：

①老张，就是原来的办公室主任，上星期已经调走了。
②车，不用说，当然是头等。

第二，语气缓和的感叹语、称谓语或呼唤语之后。如：

③哎哟，这儿，快给我揉揉。
④大娘，您到哪儿去啊？
⑤喂，你是哪个单位的？

第三，某些序次语（"第"字头、"其"字头及"首先"类序次语）之后。如：

⑥为什么许多人都有长不大的感觉呢？原因有三：第一，父母总认为自己比孩子成熟；第二，父母总要以自己的标准来衡量孩子；第三，父母出于爱心而总不想让孩子在成长的过程中走弯路。
⑦《玄秘塔碑》之所以成为书法的范本，不外乎以下几方面的因素：其一，具有楷书点画、构体的典范性；其二，承上启下，成为唐楷的极致；其三，字如其人，爱人及字，柳公权高尚的书品、人品为后人所崇仰。
⑧下面从三个方面讲讲语言的污染问题：首先，是特殊语言环境中的

语言污染问题；其次，是滥用缩略语引起的语言污染问题；再次，是空话和废话引起的语言污染问题。

【补充规则】用顿号表示较长、较多或较复杂的并列成分之间的停顿时，最后一个成分前可用"以及（及）"进行连接，"以及（及）"之前应用逗号。如：

压力过大、工作时间过长、作息不规律，以及忽视营养均衡等，均会影响健康状况。

（5）顿号。
顿号是句内点号的一种，表示语段中并列词语之间或某些序次语之后的停顿。顿号的形式是"、"。
【基本用法】
a）用于并列词语之间。如：

①这里有自由、民主、平等、开放的风气和氛围。
②造型科学、技艺精湛、气韵生动，是盛唐石雕的特色。

b）用于需要停顿的重复词语之间。如：

他几次三番、几次三番地辩解着。

c）用于某些序次语（不带括号的汉字数字或"天干地支"类序次语）之后。如：

①我准备讲两个问题：一、逻辑学是什么？二、怎样学好逻辑学？
②风格的具体内容主要有以下四点：甲、题材；乙、用字；丙、表达；丁、色彩。

d）相邻或相近两数字连用表示概数通常不用顿号。若相邻两数字连用为缩略形式，宜用顿号。如：

①飞机在6000米高空水平飞行时,只能看到两侧八九公里和前方一二十公里范围内的地面。
②这种凶猛的动物常常三五成群地外出觅食和活动。
③农业是国民经济的基础,也是第二、三产业的基础。

e)标有引号的并列成分之间、标有书名号的并列成分之间通常不用顿号。若有其他成分插在并列的引号之间或并列的书名号之间(如引语或书名号之后还有括注),宜用顿号。如:

①"日""月"构成"明"字。
②店里挂着"顾客就是上帝""质量就是生命"等横幅。
③《红楼梦》《三国演义》《西游记》《水浒传》,是我国长篇小说的四大名著。
④李白的"白发三千丈"(《秋浦歌》)、"朝如青丝暮成雪"(《将进酒》)都是脍炙人口的诗句。
⑤办公室订了《人民日报》(海外版)、《光明日报》和《时代》周刊等报刊。

【补充规则】
a)表示含有顺序关系的并列各项间的停顿,用顿号,不用逗号。下例解释"对于"一词的用法,"人""事物""行为"之间有顺序关系(即人和人、人和事物、人和行为、事物和事物、事物和行为、行为和行为等六种对待关系),各项之间应用顿号。如:

〔对于〕表示人,事物,行为之间的相互对待关系。(误)
〔对于〕表示人、事物、行为之间的相互对待关系。(正)

b)用阿拉伯数字表示年月日的简写形式时,用短横线连接号,不用顿号。如:

2010、03、02(误)
2010-03-02(正)

（6）分号。

分号是句内点号的一种，表示复句内部并列关系分句之间的停顿，以及非并列关系的多重复句中第一层分句之间的停顿。分号的形式是";"。

【基本用法】

a）表示复句内部并列关系的分句（尤其是当分句内部还有逗号时）之间的停顿。如：

①语言文字的学习，就理解方面说，是得到一种知识；就运用方面说，是养成一种习惯。

②内容有分量，尽管文章短小，也是有分量的；内容没有分量，即使写得再长也没有用。

b）表示非并列关系的多重复句中第一层分句（主要是选择、转折等关系）之间的停顿。如：

①人还没看见，已经先听见歌声了；或者人已经转过山头望不见了，歌声还余音袅袅。

②尽管人民革命的力量在开始时总是弱小的，所以总是受压的；但是由于革命的力量代表历史发展的方向，因此本质上又是不可战胜的。

③不管一个人如何伟大，也总是生活在一定的环境和条件下；因此，个人的见解总难免带有某种局限性。

④昨天夜里下了一场雨，以为可以凉快些；谁知没有凉快下来，反而更热了。

c）用于分项列举的各项之间。如：

特聘教授的岗位职责为：一、讲授本学科的主干基础课程；二、主持本学科的重大科研项目；三、领导本学科的学术队伍建设；四、带领本学科赶超或保持世界先进水平。

【补充规则】

分项列举的各项有一项或多项已包含句号时，各项的末尾不能再用分号。如：

本市先后建立起三大农业生产体系：一是建立甘蔗生产服务体系。成立糖业服务公司，主要给农民提供机耕等服务；二是建立蚕桑生产服务体系。……；三是建立热作服务体系。……。（误）

本市先后建立起三大农业生产体系：一是建立甘蔗生产服务体系。成立糖业服务公司，主要给农民提供机耕等服务。二是建立蚕桑生产服务体系。……。三是建立热作服务体系。……。（正）

（7）冒号。

冒号是句内点号的一种，表示语段中提示下文或总结上文的停顿。冒号的形式是":"。

【基本用法】

a）用于总说性或提示性词语（如"说""例如""证明"等）之后，表示提示下文。如：

①北京紫禁城有四座城门：午门、神武门、东华门和西华门。
②她高兴地说："咱们去好好庆祝一下吧！"
③小王笑着点了点头："我就是这么想的。"
④这一事实证明：人能创造环境，环境同样也能创造人。

b）表示总结上文。如：

张华上了大学，李萍进了技校，我当了工人：我们都有美好的前途。

c）用在需要说明的词语之后，表示注释和说明。如：

①（本市将举办首届大型书市。）主办单位：市文化局；承办单位：市图书进出口公司；时间：8月15日—20日；地点：市体育馆观众休息厅。
②（做阅读理解题有两个办法。）办法之一：先读题干，再读原文，带着问题有针对性地读课文。办法之二：直接读原文，读完再做题，减少先入为主的干扰。

d) 用于书信、讲话稿中称谓语或称呼语之后。如：

①广平先生：……
②同志们、朋友们：……

e) 一个句子内部一般不应套用冒号。在列举式或条文式表述中，如不得不套用冒号时，宜另起段落来显示各个层次。如：

第十条　遗产按照下列顺序继承：
第一顺序：配偶、子女、父母。
第二顺序：兄弟姐妹、祖父母、外祖父母。

【补充规则】
a) 冒号用在提示性话语之后引起下文。表面上类似但实际不是提示性话语的，其后用逗号。如：

①郦道元《水经注》记载："沼西际山枕水，有唐叔虞祠。"（提示性话语）
②据《苏州府志》载，苏州城内大小园林约有150座，可算名副其实的园林之城。（非提示性话语）

b) 冒号提示范围无论大小（一句话、几句话甚至几段话），都应与提示性话语保持一致（即在该范围的末尾要用句号点断）。应避免冒号涵盖范围过窄或过宽。如：

艾滋病有三个传播途径：血液传播，性传播和母婴传播，日常接触是不会传播艾滋病的。（误）
艾滋病有三个传播途径：血液传播，性传播和母婴传播。日常接触是不会传播艾滋病的。（正）

c) 冒号应用在有停顿处，无停顿处不应用冒号。如：

①他头也不抬，冷冷地问："你叫什么名字？"（有停顿）

②这事你得拿主意,光说"不知道"怎么行?(无停顿)

(8)引号。

引号是标号的一种,标示语段中直接引用的内容或需要特别指出的成分。引号的形式有双引号(" ")和单引号(' ')两种。左侧的为前引号,右侧的为后引号。

【基本用法】

a) 标示语段中直接引用的内容。如:

李白诗中就有"白发三千丈"这样极尽夸张的语句。

b) 标示需要着重论述或强调的内容。如:

这里所谓的"文",并不是指文字,而是指文采。

c) 标示语段中具有特殊含义而需要特别指出的成分,如别称、简称、反语等。如:

①电视被称作"第九艺术"。
②人类学上常把古人化石统称为尼安德特人,简称"尼人"。
③有几个"慈祥"的老板把捡来的菜叶用盐浸浸就算作工友的菜肴。

d) 当引号中还需要使用引号时,外面一层用双引号,里面一层用单引号。如:

他问:"老师,'七月流火'是什么意思?"

e) 独立成段的引文如果只有一段,段首和段尾都用引号;不止一段时,每段开头仅用前引号,只在最后一段末尾用后引号。如:

我曾在报纸上看到有人这样谈幸福:
"幸福是知道自己喜欢什么和不喜欢什么。……
"幸福是知道自己擅长什么和不擅长什么。……

"幸福是在正确的时间做了正确的选择。……"

f) 在书写带月、日的事件、节日或其他特定意义的短语（含简称）时，通常只标引其中的月和日；需要突出和强调该事件或节日本身时，也可连同事件或节日一起标引。如：

①"5·12"汶川大地震
②"五四"以来的话剧，是我国戏剧中的新形式。
③纪念"五四运动"90周年

【补充规则】"丛刊""文库""系列""书系"等作为系列著作的选题名，宜用引号标引。当"丛刊"等为选题名的一部分时，放在引号之内，反之则放在引号之外。

①"汉译世界学术名著丛书"
②"中国哲学典籍文库"
③"20世纪心理学通览"丛书

（9）括号。
括号是标号的一种，标示语段中的注释内容、补充说明或其他特定意义的语句。括号的主要形式是圆括号"（　）"，其他形式还有方括号"［　］"、六角括号"〔　〕"和方头括号"【　】"等。
【基本用法】
a) 标示下列各种情况，均用圆括号。
第一，标示注释内容或补充说明。如：

①我校拥有特级教师（含已退休的）17人。
②我们不但善于破坏一个旧世界，我们还将善于建设一个新世界！（热烈鼓掌）

第二，标示订正或补加的文字。如：

③信纸上用稚嫩的字体写着："阿夷（姨），你好！"

④该建筑公司负责的建设工程全部达到优良工程（的标准）。

第三，标示序次语。如：

⑤语言有三个要素：（1）声音；（2）结构；（3）意义。
⑥思想有三个条件：（一）事理；（二）心理；（三）伦理。

第四，标示引语的出处。如：

⑦他说得好："未画之前，不立一格；既画之后，不留一格。"（《板桥集·题画》）

第五，标示汉语拼音注音。如：

⑧"的（de）"这个字在现代汉语中最常用。

b）标示作者国籍或所属朝代时，可用方括号或六角括号。如：

① ［英］ 赫胥黎《进化论与伦理学》
② 〔唐〕 杜甫著

c）报刊标示电讯、报道的开头，可用方头括号。如：

【新华社南京消息】

d）标示公文发文字号中的发文年份时，可用六角括号。如：

国发〔2011〕3号文件

e）标示被注释的词语时，可用六角括号或方头括号。如：

① 〔奇观〕奇伟的景象。
② 【爱因斯坦】物理学家。生于德国，1933年因受纳粹政权迫害，

移居美国。

f）除科技书刊中的数学、逻辑公式外，所有括号（特别是同一形式的括号）应尽量避免套用。必须套用括号时，宜采用不同的括号形式配合使用。如：

〔茸（róng）毛〕很细很细的毛。

【补充规则】括号可分为句内括号和句外括号。句内括号用于注释句子里的某些词语，即本身就是句子的一部分，应紧跟在被注释的词语之后。句外括号则用于注释句子、句群或段落，即本身结构独立，不属于前面的句子、句群或段落，应位于所注释语段的句末点号之后。如：

标点符号是辅助文字记录语言的符号，是书面语的有机组成部分，用来表示语句的停顿、语气以及标示某些成分（主要是词语）的特定性质和作用。（数学符号、货币符号、校勘符号等特殊领域的专门符号不属于标点符号。）

（10）破折号。
破折号是标号的一种，标示语段中某些成分的注释、补充说明或语音、意义的变化。破折号的形式是"——"。
【基本用法】
a）标示注释内容或补充说明（也可用括号，二者的区别详见后文）。如：

①一个矮小而结实的日本中年人——内山老板走了过来。
②我一直坚持读书，想借此唤起弟妹对生活的希望——无论环境多么困难。

b）标示插入语（也可用逗号）。如：

这简直就是——说得不客气点——无耻的勾当！

c）标示总结上文或提示下文（也可用冒号）。如：

①坚强，纯洁，严于律己，客观公正——这一切都难得地集中在一个人身上。
②画家开始娓娓道来——
　　数年前的一个寒冬，……

d）标示话题的转换。如：

"好香的干菜，——听到风声了吗？"赵七爷低声说道。

e）标示声音的延长。如：

"嘎——"传过来一声水禽被惊动的鸣叫。

f）标示话语的中断或间隔。如：

①"班长他牺——"小马话没说完就大哭起来。
②"亲爱的妈妈，你不知道我多爱您。——还有你，我的孩子！"

g）标示引出对话。如：

——你长大后想成为科学家吗？
——当然想了！

h）标示事项列举分承。如：

根据研究对象的不同，环境物理学分为以下五个分支学科：
——环境声学；
——环境光学；
——环境热学；
——环境电磁学；
——环境空气动力学。

i) 用于副标题之前。如：

飞向太平洋
——我国新型号运载火箭发射目击记

j) 用于引文、注文后，标示作者、出处或注释者。如：

①先天下之忧而忧，后天下之乐而乐。

——范仲淹

②不知则问，不能则学。

——《荀子》

③很多人写好信后把信笺折成方胜形，我看大可不必。（方胜，指古代妇女戴的方形首饰，用彩绸等制作，由两个斜方部分叠合而成。——编者注）

（11）省略号。

省略号是标号的一种，标示语段中某些内容的省略及意义的断续等。省略号的形式是"……"。

【基本用法】

a) 标示引文的省略。如：

我们齐声朗诵起来："……俱往矣，数风流人物，还看今朝。"

b) 标示列举或重复词语的省略。如：

①对政治的敏感，对生活的敏感，对性格的敏感，……这都是作家必须要有的素质。
②他气得连声说："好，好……算我没说。"

c) 标示语意未尽。如：

①在人迹罕至的深山密林里，假如突然看见一缕炊烟，……
②你这样干，未免太……！

d) 标示说话时断断续续。如：

她磕磕巴巴地说："可是……太太……我不知道……你一定是认错了。"

e) 标示对话中的沉默不语。如：

"还没结婚吧？"
"……"他飞红了脸，更加忸怩起来。

f) 标示特定的成分虚缺。如：

只要……就……

g) 在标示诗行、段落的省略时，可连用两个省略号（即相当于十二连点）。如：

①从隔壁房间传来缓缓而抑扬顿挫的吟咏声——
　床前明月光，疑是地上霜。
　……………
②该刊根据工作质量、上稿数量、参与程度等方面的表现，评选出了高校十佳记者站。还根据发稿数量、提供新闻线索情况以及对刊物的关注度等，评选出了十佳通讯员。
　……………

【补充规则】
a) 不能用多于两个省略号（多于12点）连在一起表示省略。省略号须与多点连续的连珠号相区别（后者主要是用于表示目录中标题和页码对应和连接的专门符号）。
b) 省略号和"等""等等""什么的"等词语不能同时使用。在需要读出来的地方用"等""等等""什么的"等词语，不用省略号。如：

含有铁质的食物有猪肝、大豆、油菜、菠菜……等。（误）

含有铁质的食物有猪肝、大豆、油菜、菠菜等。（正）

（12）着重号。
着重号是标号的一种，标示语段中某些重要的或需要指明的文字。着重号的形式是"．"标注在相应文字的下方。
【基本用法】
a）标示语段中重要的文字。如：

①诗人需要表现，而不是证明。
②下面对本文的理解，不正确的一项是：……

b）标示语段中需要指明的文字。如：

下边加点的字，除了在词中的读法外，还有哪些读法？
着急　子弹　强调

【补充规则】不应使用文字下加直线或浪纹线等形式表示着重。文字下加直线为专名号形式，文字下加浪纹线是特殊书名号。着重号的形式统一为相应项目下加小圆点。如：

下面对本文的理解，不正确的一项是（误）
下面对本文的理解，不正确的一项是（正）

（13）连接号。
连接号是标号的一种，标示某些相关联成分之间的连接。连接号的形式有短横线"－"、一字线"—"和浪纹线"～"三种。
【基本用法】
a）标示下列各种情况，均用短横线：
第一，化合物的名称或表格、插图的编号。如：

①3－戊酮为无色液体，对眼及皮肤有强烈的刺激性。
②参见下页表2－8、表2－9。

第二,连接号码,包括门牌号码、电话号码,以及用阿拉伯数字表示年月日等。如:

③安宁里东路26号院3-2-11室
④联系电话:010-88842603
⑤2011-02-15

第三,在复合名词中起连接作用。如:

⑥吐鲁番-哈密盆地

第四,某些产品的名称和型号。如:

⑦WZ-10直升机具有在复杂天气和夜间作战的能力。

第五,汉语拼音、外来语内部的分合。如:

⑧shuōshuō-xiàoxiào(说说笑笑)
⑨盎格鲁-撒克逊人
⑩让-雅克·卢梭("让-雅克"为双名)
⑪皮埃尔·孟戴斯-弗朗斯("孟戴斯-弗朗斯"为复姓)

b)标示下列各种情况,一般用一字线,有时也可用浪纹线:
第一,标示相关项目(如时间、地域等)的起止。如:

①沈括(1031—1095),宋朝人。
②2011年2月3日—10日
③北京—上海特别旅客快车

第二,标示数值范围(由阿拉伯数字或汉字数字构成)的起止。如:

④25~30 g
⑤第五~八课

【补充规则】浪纹线连接号用于标示数值范围时,在不引起歧义的情况下,前一数值附加符号或计量单位可省略。如:

5公斤～100公斤（正）
5～100公斤（正）

(14) 间隔号。

间隔号是标号的一种,标示某些相关联成分之间的分界。间隔号的形式是"·"。

【基本用法】

a) 标示外国人名或少数民族人名内部的分界。如:

①克里斯蒂娜·罗塞蒂
②阿依古丽·买买提

b) 标示书名与篇（章、卷）名之间的分界。如:

《淮南子·本经训》

c) 标示词牌、曲牌、诗体名等和题名之间的分界。如:

①《沁园春·雪》
②《天净沙·秋思》
③《七律·冬云》

d) 用在构成标题或栏目名称的并列词语之间。如:

《天·地·人》

e) 以月、日为标志的事件或节日,用汉字数字表示时,只在一、十一和十二月后用间隔号;当直接用阿拉伯数字表示时,月、日之间均用间隔号。如:

① "九一八"事变　　"五四"运动
② "一·二八"事变　　"一二·九"运动
③ "3·15"消费者权益日　　"9·11"恐怖袭击事件

【补充规则】当并列短语构成的标题中已用间隔号隔开时，不应再用"和"类连词。如：

《水星·火星和金星》（误）
《水星·火星·金星》（正）

（15）书名号。

书名号是标号的一种，标示语段中出现的各种作品的名称。书名号的形式有双书名号"《》"和单书名号"〈〉"两种。

【基本用法】

a) 标示书名、卷名、篇名、刊物名、报纸名、文件名等。如：

① 《红楼梦》（书名）
② 《史记·项羽本纪》（卷名）
③ 《论雷峰塔的倒掉》（篇名）
④ 《每周关注》（刊物名）
⑤ 《人民日报》（报纸名）
⑥ 《全国农村工作会议纪要》（文件名）

b) 标示电影、电视、音乐、诗歌、雕塑等各类用文字、声音、图像等表现的作品的名称。如：

① 《渔光曲》（电影名）
② 《追梦录》（电视剧名）
③ 《勿忘我》（歌曲名）
④ 《沁园春·雪》（诗词名）
⑤ 《东方欲晓》（雕塑名）
⑥ 《光与影》（电视节目名）
⑦ 《社会广角镜》（栏目名）

⑧《庄子研究文献数据库》(光盘名)
⑨《植物生理学系列挂图》(图片名)

c) 标示全中文或中文在名称中占主导地位的软件名。如：

科研人员正在研制《电脑卫士》杀毒软件。

d) 标示作品名的简称。如：

我读了《念青唐古拉山脉纪行》一文（以下简称《念》），收获很大。

e) 当书名号中还需要书名号时，里面一层用单书名号，外面一层用双书名号。如：

《教育部关于提请审议〈高等教育自学考试试行办法〉的报告》

【补充规则】
a) 不能视为作品的课程、课题、奖品奖状、商标、证照、组织机构、会议、活动等名称，不应用书名号。下面均为书名号误用的示例。如：

①下学期本中心将开设《现代企业财务管理》《市场营销》两门课。
②明天将召开《关于"两保两挂"的多视觉理论思考》课题立项会。
③本市将向70岁以上（含70岁）的老年人颁发《敬老证》。
④本校共获得《最佳印象》《自我审美》《卡拉OK》等六个奖项。
⑤《闪光》牌电池经久耐用。
⑥《文史杂志社》编辑力量比较雄厚。
⑦本市将召开《全国食用天然色素应用研讨会》。
⑧本报将于今年暑假举行《墨宝杯》书法大赛。

b) 有的名称应根据指称意义的不同确定是否用书名号。如文艺晚会指一项活动时，不用书名号；而特指一种节目名称时，可用书名号。再如

展览作为一种文化传播的组织形式时,不用书名号;特定情况下将某项展览作为一种创作的作品时,可用书名号。如:

①2008年重阳联欢晚会受到观众的称赞和好评。
②本台将重播《2008年重阳联欢晚会》。
③"雪域明珠——中国西藏文化展"今天隆重开幕。
④《大地飞歌艺术展》是一部大型现代艺术作品。

c) 书名后面表示该作品所属类别的普通名词不标在书名号内。如:

《我们》杂志

d) 书名有时带有括注。如果括注是书名、篇名等的一部分,应放在书名号之内,反之则应放在书名号之外。如:

①《琵琶行(并序)》
②《中华人民共和国民事诉讼法(试行)》
③《新政治协商会议筹备会组织条例(草案)》
④《百科知识》(彩图本)
⑤《人民日报》(海外版)

e) 书名、篇名末尾如有叹号或问号,应放在书名号之内。

①《日记何罪!》
②《如何做到同工又同酬?》

f) 在古籍或某些文史类著作中,为与专名号配合,书名号也可改用浪线式"﹏﹏",标注在书名下方。这可以看作是特殊的专名号或特殊的书名号。

(16) 专名号。

专名号是标号的一种,标示古籍和某些文史类著作中出现的特定类专有名词。形式是一条直线,标注在相应文字的下方。

【基本用法】

a）标示古籍、古籍引文或某些文史类著作中出现的专有名词，主要包括人名、地名、国名、民族名、朝代名、年号、宗教名、官署名、组织名等。如：

①孙坚的人马被刘表率军围得水泄不通。（人名）
②于是聚集冀、青、幽、并四州兵马七十多万准备决一死战。（地名）
③当时乌孙及西域各国都向汉派遣了使节。（国名、朝代名）
④从咸宁二年到太康十年，匈奴、鲜卑、乌桓等族人徙居塞内。（年号、民族名）

b）现代汉语文本中的上述专有名词，以及古籍和现代文本中的单位名、官职名、事件名、会议名、书名等不应使用专名号。必须使用标号标示时，宜使用其他相应标号（如引号、书名号等）。

（17）分隔号。

分隔号是标号的一种，标示诗行、节拍及某些相关文字的分隔。分隔号的形式是"/"。

【基本用法】

a）诗歌接排时分隔诗行（也可使用逗号和分号）。如：

春眠不觉晓/处处闻啼鸟/夜来风雨声/花落知多少。

b）标示诗文中的音节节拍。如：

横眉/冷对/千夫指，俯首/甘为/孺子牛。

c）分隔供选择或可转换的两项，表示"或"。如：

动词短语中除了作为主体成分的述语动词之外，还包括述语动词所带的宾语和/或补语。

d）分隔组成一对的两项，表示"和"。如：

①13/14 次特别快车
②羽毛球女双决赛中国组合杜婧/于洋两局完胜韩国名将李孝贞/李敬元。

e）分隔层级或类别。如：

我国的行政区划分为：省（直辖市、自治区）/省辖市（地级市）/县（县级市、区、自治州）/乡（镇）/村（居委会）。

【补充规则】分隔号又称正斜线号，须与反斜线号"\"相区别（后者主要是用于编写计算机程序的专门符号）。使用分隔号时，紧贴着分隔号的前后通常不用点号。

5. 标点符号的位置和书写形式
（1）横排文稿标点符号的位置和书写形式。
句号、逗号、顿号、分号、冒号均置于相应文字之后，占一个字位置，居左下，不出现在一行之首。
问号、叹号均置于相应文字之后，占一个字位置，居左，不出现在一行之首。两个问号（或叹号）叠用时，占一个字位置；三个问号（或叹号）叠用时，占两个字位置；问号和叹号连用时，占一个字位置。
引号、括号、书名号中的两部分标在相应项目的两端，各占一个字位置。其中前一半不出现在一行之末，后一半不出现在一行之首。
破折号标在相应项目之间，占两个字位置，上下居中，不能中间断开分处上行之末和下行之首。
省略号占两个字位置，两个省略号连用时占四个字位置并须单独占一行。省略号不能中间断开分处上行之末和下行之首。
连接号中的短横线比汉字"一"略短，占半个字位置；一字线比汉字"一"略长，占一个字位置；浪纹线占一个字位置。连接号上下居中，不出现在一行之首。
间隔号标在需要隔开的项目之间，占半个字位置，上下居中，不出现在一行之首。
着重号和专名号标在相应文字的下边。
分隔号占半个字位置，不出现在一行之首。
标点符号排在一行末尾时，若为全角字符则应占半角字符的宽度

（即半个字位置），以使视觉效果更美观。

在实际编辑出版工作中，为排版美观、方便阅读等需要，或为避免某一小节最后一个汉字转行或出现在另外一页开头等情况（浪费版面及视觉效果差），可适当压缩标点符号所占用的空间。

（2）竖排文稿标点符号的位置和书写形式。

句号、问号、叹号、逗号、顿号、分号和冒号均应置于相应文字之下偏右。

破折号、省略号、连接号、间隔号和分隔号置于相应文字之下居中，上下方向排列。

引号中双引号改用"﹁""﹂"，单引号改用"﹃""﹄"，括号改用"︵""︶"，标在相应文字的上下。

竖排文稿中使用浪线式书名号"﹏﹏"，标在相应文字的左侧。

着重号标在相应文字的右侧，专名号标在相应文字的左侧。

横排文稿中关于某些标点不能居行首或行末的要求，同样适用于竖排文稿。

## （二）附录：标点符号若干用法的说明

### 1. 易混标点符号用法比较

（1）逗号、顿号表示并列词语之间停顿的区别。

逗号和顿号都表示停顿，但逗号表示的停顿长，顿号表示的停顿短，并列词语之间的停顿一般用顿号，但当并列词语较长或其后有语气词时，为了表示稍长一点的停顿，也可以用逗号。如：

①我喜欢吃的水果有苹果、桃子、香蕉和菠萝。

②我们需要了解全局和局部的统一，必然和偶然的统一，本质和现象的统一。

③看游记最难弄清位置和方向，前啊，后啊，左啊，右啊，看了半天，还是不明白。

（2）逗号、顿号在表示列举省略的"等""等等"之类词语前的使用。

并列成分之间用顿号，末尾的并列成分之后用"等""等等"之类的词语时，"等"类词前不用顿号或其他点号；并列成分之间用逗号，末尾

的并列成分之后用"等"类词时,"等"类词前应用逗号。如:

①现代生物学、物理学、化学、数学等基础科学的发展,带动了医学科学的进步。

②写文章前要想好:文章的主题是什么,用哪些材料,哪些详写,哪些略写,等等。

(3) 逗号、分号表示分句之间停顿的区别。

当复句的表达不复杂、层次不多,相连的分句语气比较紧凑、分句内部也没有使用逗号表示停顿时,分句间的停顿多用逗号。在用逗号不易分清多重复句内部的层次(如分句内部已有逗号),而用句号又可能割裂前后关系的地方,应用分号表示停顿。如:

①她拿起钥匙,开了箱子上的锁,又开了首饰盒上的锁,往老地方放钱。

②纵比,即以一事物的各个发展阶段作比;横比,则以此事物与彼事物相比。

(4) 顿号、逗号、分号在标示层次关系时的区别。

句内点号中,顿号表示的停顿最短、层次最低,通常只能表示并列词语之间的停顿;分号表示的停顿最长、层次最高,可以用来表示复句的第一层分句之间的停顿;逗号介于两者之间,既可表示并列词语之间的停顿,也可表示复句中分句之间的停顿。若分句内部已用逗号,分句之间就应用分号。用分号隔开的几个并列分句不能由逗号统领或总结。如:

①有的学会烤烟,自己做挺讲究的纸烟和雪茄;有的学会蔬菜加工,做的番茄酱能吃到冬天;有的学会蔬菜腌渍、窖藏,使秋菜接上春菜。

②动物吃植物的方式多种多样,有的是把整个植物吃掉,如原生动物;有的是把植物的大部分吃掉,如鼠类;有的是吃掉植物的要害部位,如鸟类吃掉植物的嫩芽。(误)

动物吃植物的方式多种多样:有的是把整个植物吃掉,如原生动物;有的是把植物的大部分吃掉,如鼠类;有的是吃掉植物的要害部位,如鸟类吃掉植物的嫩芽。(正)

（5）冒号、逗号用于"说""道"之类词语后的区别。

位于引文之前的"说""道"后用冒号。位于引文之后的"说""道"分两种情况：处于句末时，其后用句号；"说""道"后还有其他成分时，其后用逗号。插在话语中间的"说""道"类词语后只能用逗号表示停顿。如：

①他说："晚上就来家里吃饭吧。"
②"我真的很期待。"他说。
③"我有件事忘了说……"他说，表情有点为难。
④"现在请皇上脱下衣服，"两个骗子说，"好让我们为您换上新衣。"

（6）不同点号表示停顿长短的排序。

各种点号都表示说话时的停顿。句号、问号、叹号都表示句子完结，停顿最长。分号用于复句的分句之间，停顿长度介于句末点号和逗号之间，而短于冒号。逗号表示一句话中间的停顿，又短于分号。顿号用于并列词语之间，停顿最短。通常情况下，各种点号表示的停顿由长到短为：句号＝问号＝叹号＞冒号（指涵盖范围为一句话的冒号）＞分号＞逗号＞顿号。

（7）破折号与括号表示注释或补充说明时的区别。

破折号用于表示比较重要的解释说明，这种补充是正文的一部分，可与前后文连读；而括号表示比较一般的解释说明，只是注释而非正文，可不与前后文连读。如：

①在今年——农历虎年，必须取得比去年更大的成绩。
②哈雷在牛顿思想的启发下，终于认出了他所关注的彗星（该星后人称为哈雷彗星）。

（8）书名号、引号在"题为……""以……为题"格式中的使用。

"题为……""以……为题"中的"题"，如果是诗文、图书、报告或其他作品，其可作为篇名、书名看待时，可用书名号；如果是写作、科研、辩论、谈话的主题而非特定作品的标题，应用引号。也就是说，"题为……""以……为题"中的"题"应根据其类别分别按书名号和引号的用法处理。如：

①有篇题为《柳宗元的诗》的文章，全文才 2000 字，引文不实却达 11 处之多。

②今天一个以"地球·人口·资源·环境"为题的大型宣传活动在此间举行。

③《我的老师》写于 1956 年 9 月，是作者应《教师报》之约而写的。

④"我的老师"这类题目，同学们也许都写过。

2．两个标点符号连用的说明

（1）行文中表示引用的引号内外的标点用法。

当引文完整且独立使用，或虽不独立使用但带有问号或叹号时，引号内的句末点号应保留。除此之外，引号内不用句末点号。当引文处于句子停顿处（包括句子末尾）且引号内未使用点号时，引号外应使用点号；当引文位于非停顿处或者引号内已使用句末点号时，引号外不用点号。如：

①"沉舟侧畔千帆过，病树前头万木春。"他最喜欢这两句诗。

②书价上涨令许多读者难以接受，有些人甚至发出"还买得起书吗？"的疑问。

③他以"条件还不成熟，准备还不充分"为由，否决了我们的提议。

④你要这样"明日复明日"地拖到什么时候？

⑤司马迁为了完成《史记》的写作，使之"藏之名山"，忍受了人间最大的侮辱。

⑥在施工中要始终坚持"把质量当生命"。

⑦"言之无文，行而不远"这句话，说明了文采的重要性。

⑧俗话说："墙头一根草，风吹两边倒。"用这句话来形容此辈再恰当不过。

（2）行文中括号内外的标点用法。

括号内行文末尾需要时可用问号、叹号和省略号。除此之外，句内括号行文末尾通常不用标点符号。句外括号行文末尾是否用句号由括号内的语段结构决定：若语段较长、内容复杂，应用句号。句内括号外是否用点号取决于括号所处位置：若句内括号处于句子停顿处，应用点号。句外括号外通常不用点号。如：

①如果不采取（但应如何采取呢？）十分具体的控制措施，事态将进一步扩大。

②3分钟过去了（仅仅才3分钟！），从眼前穿梭而过的出租车竟达32辆！

③她介绍时用了一连串比喻（有的状如树枝，有的貌似星海……），非常形象。

④科技协作合同（包括科研、试制、成果推广等）根据上级主管部门或有关部门的计划签订。

⑤应把夏朝看作原始公社向奴隶制国家过渡的时期。

⑥周朴园：好，你先下去吧。

　鲁侍萍：老爷，没有事了？（望着朴园，泪要涌出）

⑦古汉语（特别是上古汉语），对于我来说，有着常人无法想象的吸引力。

⑧由于这种推断尚未经过实践的考验，我们只能把它作为假设（或假说）提出来。

⑨人际交往的过程就是使用语词传达意义的过程。（严格说，这里的"语词"应为语词指号。）

（3）破折号前后的标点用法。

破折号之前通常不用点号；但根据句子结构和行文需要，有时也可分别使用句内点号或句末点号。破折号之后通常不会紧跟着使用其他点号；但当破折号表示语音的停顿或延长时，根据语气表达的需要，其后可紧接问号或叹号。如：

①小妹说："我现在工作得挺好，老板对我不错，工资也挺高。——我能抽支烟吗？"（表示话题的转折）

②我不是自然主义者，我主张文学高于现实，能够稍稍居高临下地去看现实，因为文学的任务不仅在于反映现实。光描写现存的事物还不够，还必须记住我们所希望的和可能产生的事物。必须使现象典型化。应该把

微小而有代表性的事物写成重大的和典型的事物。——这就是文学的任务。(表示对前几句话的总结)

③"是他——?"石一川简直不敢相信自己的耳朵。

④"我终于考上大学啦！我终于考上啦——!"金石开兴奋得快要晕过去了。

（4）省略号前后的标点用法。

省略号之前通常不用点号。以下两种情况例外：省略号前的句子表示强烈语气、句末使用问号或叹号时；省略号前不用点号就无法标示停顿或表明结构关系时。省略号之后通常也不用点号，但当句末表达强烈的语气或感情时，可在省略号后用问号或叹号；当省略号后还有别的话、省略的文字和后面的话不连续且有停顿时，应在省略号后用点号；当表示特定格式的成分虚缺时，省略号后可用点号。

①想起这些，我就觉得一辈子都对不起你。你对梁家的好，我感激不尽！……

②他进来了，……一身军装，一张朴实的脸，站在我们面前显得很高大，很年轻。

③这，这是……?

④动物界的规矩比人类还多，野骆驼、野猪、黄羊……，直至塔里木兔、跳鼠，都是各行其路，决不混淆。

⑤大火被渐渐扑灭，但一片片油污又旋即出现在遇难船旁……。清污船迅速赶来，并施放围栏以控制油污。

⑥如果……，那么……。

3. 序次语之后的标点用法

（1）"第""其"字头的词做序次语，或"首先""其次""最后"等做序次语时，后用逗号。

（2）不带括号的汉字数字或"天干地支"做序次语时，后用顿号。

（3）不带括号的阿拉伯数字、拉丁字母或罗马数字做序次语时，后面用下脚点（该符号属于外文的标点符号）。如：

①总之，语言的社会功能有三点：1.传递信息，交流思想；2.确定关

系，调节关系；3.组织生活，组织生产。
②本课一共讲解三个要点：A.生理停顿；B.逻辑停顿；C.语法停顿。

（4）加括号的序次语后面不用任何点号。如：

①受教育者应履行以下义务：（一）遵守法律、法规；（二）努力学习，完成规定的学习任务；（三）遵守所在学校或其他教育机构的制度。
②按提问的方式，疑问句分为以下四种：（1）特指问；（2）是非问；（3）选择问；（4）正反问。

（5）阿拉伯数字与下脚点结合表示章节关系的序次语末尾不用任何点号。如：

3　停顿
3.1　生理停顿
3.2　逻辑停顿

（6）用于章节、条款的序次语后宜用空格表示停顿。如：

第一课　春天来了

（7）序次简单、叙述性较强的序次语后不用标点符号。如：

语言的社会功能共有三点：一是传递信息；二是确定关系；三是组织生活。

（8）同类数字形式的序次语，带括号的通常位于不带括号的下一层。
通常第一层是带有顿号的汉字数字；第二层是带括号的汉字数字；第三层是带下脚点的阿拉伯数字；第四层是带括号的阿拉伯数字；再往下可以是带圈的阿拉伯数字或小写拉丁字母。一般可根据文章特点选择用某一层序次语开始行文，选定之后应顺着序次语的层次向下行文，但使用层次较低的序次语之后不宜反过来再使用层次更高的序次语。如：

一、……
（一）……
1. ……
（1）……
①/a. ……

**4. 文章标题的标点用法**

文章标题的末尾通常不用标点符号，但有时根据需要可用问号、叹号或省略号。如：

①想看看电脑有多聪明，就让它下盘围棋吧
②猛龙过江：本店特色名菜
③严防"电脑黄毒"危害少年
④回家的感觉真好
　　——访大赛归来的本市运动员
⑤里海是湖，还是海？
⑥人体也是污染源！
⑦和平协议签署之后……

## 三、标点符号常见误用类型分析

### （一）点号误用

**1. 问号误用**

（1）非疑问句的末尾误用问号。

有些句子，虽然有"谁""什么""怎么""哪儿"等疑问词，或"呢""吗"等疑问语气助词，或为"是……还是……""是否"等选择性的疑问结构，但整个句子是陈述句，不是疑问句，末尾不能用问号。如：

在市场竞争日益激烈的当下，他不得不认真思考公司的业绩为什么会下滑，怎样才能打开产品的销路？（问号应改为句号）

(2) 选择问句误用问号。

选择问句中，选择项之间如有停顿，一般用逗号，只在最后一个选项的末尾用问号。如：

你喜欢看电影？还是喜欢看电视剧？（第一个问号应改为逗号）

(3) 连续疑问句少用了问号。

连续疑问句每个问句后都应用问号。如：

哲学与生活毫无关系吗，哲学对生活有没有一点用呢？我的回答是"哲学本身就是一种生活"。（逗号应改为问号）

(4) 倒装问句中问号位置误放。

倒装问句中，问号应放在问话的末尾，倒装成分后用逗号。如：

"是能借的吗？这枪。"赵子良正色道。（问号应改为逗号，而"这枪"后的句号应改为问号）

2. 顿号误用

(1) 表示概数的两个连用数字之间误用顿号。

两个数字连用，如果表示的是一个概数，中间不用顿号，如"七八个人"。两个数字连用，如果不是表示一个概数，而是指并列关系的两项内容，可以用顿号，如"退居二、三线""第七、八章"。如：

公司每年经手的版权交易书目数量在四、五十件以上。（顿号应删去）

(2) 分不清停顿大小而误用顿号。

句子内部并列词语之间用顿号。并列成分之间有多个层次时，最小的层次之间用顿号，稍大的用逗号，最大的用分号。如：

中华文化是尚群的文化。小到家庭、大到国家、民族，都是群，而群就是公。《礼记·礼运》中所说的"天下为公"，已经成为至理名言。（"小到家庭"后的顿号应改为逗号，以区分层次）

(3) 语气词后误用顿号。

名词后加了"呀""啊""呢"等就成了短句，短句之间用逗号，不用顿号。如：

古人清明踏青时往往还举行体育活动，踢球呀、射柳呀、放风筝呀、荡秋千呀……其中，荡秋千最受人们喜爱。（顿号均改为逗号）

(4) 连词前面误用顿号。

连词前不用顿号。如果并列成分有停顿，或为了区分层次，连词前不用顿号，而用逗号。如：

他也不得不继续办下去，或亲自签批、或指示下属领导，将同心县、海原县和固原地区117名不符合条件的人录用为干部。（"签批"后的顿号应改为逗号）

(5) 非并列词语间误用顿号。

有些词语，看上去结构相近，但在句中并不是并列成分，不能用顿号。如：

这几年，报刊上报道的因主持正义、被顶头上司打击报复的人，也不是个别的。（"因主持正义"与"被顶头上司打击报复"不是并列关系，而是因果关系，应将顿号改为"而"）

(6) 没有停顿的并列词语误用顿号。

有些并列词语，尤其是一些约定俗成的集合词，如"工农业""中外记者"，相互结合紧密，中间无须用顿号。有些并列词语不用顿号，一气列出，以表现特殊的语气和氛围。如：

在村口支锅搭灶卖个烹、炒、煎、炸什么的。（顿号均应删去）

(7) 有括注的并列的引号之间或并列的书名号之间宜用顿号。

标有引号的并列成分之间、标有书名号的并列成分之间通常不用顿号。若有其他成分插在并列的引号之间或并列的书名号之间（如引号或书名号之后还有括注），宜用顿号。如：

李白的"白发三千丈"（《秋浦歌》）"朝如青丝暮成雪"（《将进酒》）都是脍炙人口的诗句。（第一个括号后应加顿号）

3. 逗号误用

（1）分不清停顿大小而误用逗号。

要分清楚句子内部的层次关系和停顿大小，避免将顿号、分号误用为逗号。如：

近年来，随着经济的发展，城市的扩大，人口的骤增和生活质量的提高，城市垃圾不断增加，"城市垃圾处理"已成为环境保护的一大难题。（"发展""扩大"后的逗号应改为顿号）

又如：

走到一个十字路口，左拐；继续向前，走到第二个十字路口，还是左拐，跨过马路，就是图书馆。（"还是左拐"后的逗号应改为分号）

（2）提示性话语之后或总结性话语之前误用逗号。

提示性话语之后，总结性话语之前，应当用冒号而不能用逗号。如：

这一事实证明，人能创造环境，环境也能塑造人。（"证明"后的逗号应改为冒号）

又如：

或深于理解，或长于记忆；或富于直观形象，或精于逻辑推理，禀赋不同，才能各异。（"禀赋"前的逗号应改为冒号）

（3）连接较长、较多、较复杂的并列成分的"以及（及）"之前宜用逗号。

用顿号表示较长、较多或较复杂的并列成分之间的停顿，最后一个成

分前用"以及(及)"进行连接时,"以及(及)"之前应用逗号。如:

如何寻找新能源、开发资源、预报自然灾害以及怎样保护环境、改良土地、攻克疑难病症等重大问题,都有待我们去探索和解决。("以及"前应加逗号)

**4. 分号误用**
(1) 分不清层次误用分号。如:

有些鱼身上有鳞片;有些鱼的皮很光滑;还有一些鱼的皮像砂纸一样粗糙。(这是一个单重复句,虽是并列关系,但分句之间没有必要用分号。两个分号都应改为逗号)

(2) 非并列关系的单重复句的分句之间误用分号。
并列关系的多重复句中,第一层分句(主要是选择、转折等关系)之间可以用分号。但在表示递进关系、转折关系、因果关系等非并列关系的单重复句中,分句之间不能用分号。如:

这些石雕,不仅再次体现了盛唐时期广泛吸收、大胆使用的消化吸收能力之良好;而且也是盛唐时中外友好往来、广泛交流的见证。(语句是递进关系复句,分号应改为逗号)

(3) 句中已用句号,再误用分号。
分号可以用于分项列举的各项之间。但分项列举的各项有一项或多项已包含句号时,各项的末尾不能再用分号。如:

第一,学习贵在自觉。要有笨鸟先飞的精神,自我加压;第二,学习贵在刻苦。要有锲而不舍的精神,持之以恒。(分号均改为句号,或将"自觉""刻苦"之后的句号改为逗号)

**5. 冒号误用**
(1) 引文中间的插入语"××说(道、讲、问、答……)"后面误用冒号。

"某某说"等插在引文中间,不能用冒号和句号,应当用逗号。如:

"频繁更换密码费时费力且未必安全,"某网站4月13日援引微软研究院首席研究员科马斯·赫尔利的话说:"最好一开始设置的密码就有很高的安全系数。"(冒号应改为逗号)

值得注意的是,"××说"在不同的位置时,后面所带的标点不同。
① "××说"在直接引语前,其后用冒号;在直接引语中间,其后用逗号;在直接引语后,其后用句号。
② "××说"在间接引语前,其后用逗号。
(2)仅作句子某成分的引用部分前误用冒号。
引用部分只是句子的一个成分,引文前不能用冒号。如:

《地质灾害防治条例》正是确立了:"自然因素造成的地质灾害,由各级政府负责治理;人为因素引发的地质灾害,谁引发谁治理"的原则。(冒号应删去)

(3)冒号管辖范围不清。
冒号管辖的范围一直到句末点号为止,如果不能管到句末,应找到管辖到的地方,加上句末点号。如:

在记者的家庭采访中,不少家长反映:孩子的作业多,孩子做作业的时间长,有时做作业要做到深夜,这些情况在全国多所学校都存在。(冒号只能管到"深夜",故"深夜"后的逗号应改为句号)

(4)同一句中用两个冒号。
在同一个句子中,冒号一般只能用一个。如:

芸斋主人说:鲁迅先生有言:真正的猛士,敢于直面惨淡的人生,敢于正视淋漓的鲜血。(两个冒号只能用一个,第二个冒号应改为逗号)

(5)同位语之间,"即""就是"等词语前后误用冒号。

同位语一般是解释说明的,应用破折号而不能用冒号。"即""就是"等词也是起解释说明作用的,不能和冒号同时存在。如:

小铁,想认识一下吗?这是地区少年摔跤比赛冠军小强:我的表哥。(冒号应改为破折号)

(6) 非提示性话语之后误用冒号。
表面上类似但实际上不是提示性话语的,其后用逗号。如:

据《苏州府志》载:苏州城内大小园林约有150座,可算名副其实的园林之城。(冒号应改为逗号)

### (二) 标号误用

1. 引号误用
(1) 引号末尾标点与引号的位置有误。
整句引文,句末标点放在后引号内。局部引文,引文末尾的标点放在后引号之外。如:

"穷则独善其身,达则兼济天下"。无论是坚守人格操守还是献身民族大义,那些行走于历史深处的英雄志士们,用一个转身诠释了人生的所有价值,从而被定格,被铭记。(第一个句号应放在后引号内)

又如:

写文章要做到"平字见奇,常字见险,陈字见新,朴字见色。"(句号应放在后引号之外)

(2) 报纸、杂志、电视等的栏目名,法律、法规文件名等,电影、电视片名等各种作品名误用引号。
报纸、杂志、电视等的栏目名,法律、法规文件名,电影、电视片名等各种作品名应用书名号。如:

在第19个"世界读书日"来临之际,该院发布了"2013年全国国民阅读调查报告"。(后一组引号应改为书名号)

(3)没有特殊含义或特殊作用的词语误用引号。

一般在特殊称谓、具有特殊含义或表讽刺否定的词语上要用引号。如:

连日来持续的高温,使无空调的公共汽车热得像"烤箱"。(引号应删去)

(4)转述误用引号。如:

小姑娘告诉我:"她每天都会看到月亮湾的珠玑,看到无数采撷珠宝的游客。"(引号应删去,冒号改为逗号)

(5)非引用部分误放在引号之内。如:

耿大妈对儿子说:"大成,见人该问好就问好,该行礼就行礼,别怕人笑话,俗话说:'礼多人不怪嘛'。"("嘛"字应放在单引号之后,"俗话说"后的冒号应删去)

2. 括号误用

(1)括号位置错误。

括号可分为句内括号和句外括号。句内括号用于注释句子里的某些词语,即本身就是句子的一部分,应紧跟在被注释的词语之后。句外括号则用于注释句子、句群或段落,即本身结构独立,不属于前面的句子、句群或段落,应位于所注释语段的句末点号之后。如:

新鲜大米,手感爽滑,米粒光洁,透明度好,腹白很小(米粒上呈乳白色的部分),做出的米饭清香可口。(括号及其内容应放在"腹白"的后面)

又如：

其实地上本没有路，走的人多了，也便成了路（鲁迅《故乡》）。（括号及其内容应放在句号外）

（2）句内括号末尾误用点号。
句内括号末尾一般不用句号，可用叹号和问号。如：

好几年前，一位先生写过《差不多先生传》（我记得是胡适写的，可就是查不出原文，所以这里不做肯定。），也是杂文，影响颇大。（括号内的句号应删去）

（3）非注释语误用括号。
不是解释补充的语句，不能用括号括起来。如：

出版社在第一季度社科新书征订单上提醒邮购者：务必在汇款单上写清姓名及详细地址（汇款单附言栏内注明所购的书名、册数）。（将括号删去，并在"地址"后加逗号）

3. 书名号误用
（1）不能视为作品的课程、课题、奖品奖状、商标、证照、组织机构、会议、活动等名称误用书名号。如：

艺术节期间将有展示丝绸之路数千年辉煌历史文化的《甘肃文化精华展》。（书名号应改为引号）

（2）系列著作的选题名误用书名号。
"丛刊""文库""系列""书系"等作为系列著作的选题名，用引号，不能用书名号。如：

《济宁历史文化丛书》主要包括《鲁国历史与文化》、《孔府孔庙文物珍藏》（上、下）等，共七卷九册，资料丰厚，内容翔实。（"《济宁历史文化丛书》"的书名号应改为引号）

(3) 报社、杂志社的名称误用书名号。

报刊、杂志社的名称不能用书名号。如：

《文史杂志社》编辑力量比较雄厚。（书名号应删去）

4. 省略号误用

(1) 省略号和"等""等等""什么的"等词语同时使用。

省略号和"等""等等""什么的"等的作用相同，不能并用。如：

我国许多优秀的影视作品都是由文学作品改编而成的，如《英雄儿女》（根据巴金《团圆》改编）、《红高粱》（根据莫言《红高粱家族》改编）……等等。（省略号应删去）

(2) 没有省略的地方误用省略号。

有些地方使用省略号，似乎是为了让文章有一种余味无穷的效果，但并无必要。如：

班车过去了，一切又都寂静下来。阳光漫过屋脊，在院坝里投下一片阴影……斑鸠在竹林里咕咕地叫，像在渴望着什么，停一会儿，忽然扑几下翅膀，飞向田坝那边去了……（两个省略号都改为句号）

5. 破折号误用

(1) 破折号与"即""叫作""就是"等词语并用。

破折号与"即""叫作""就是"等词语都表示解释说明，两者不能并用。如：

船上的人告诉他船所经过的海槽——就是"中外之界"。（破折号应删去）

(2) 单用一个破折号引起误解。

破折号引出的解释说明或补充的话插在句子中间，容易引起误解的，要在其后再用一个破折号。如：

任何一门理论科学中的每一个新发现——它的实际应用也许还根本无法预见都使马克思感到衷心喜悦。("它的实际应用也许还根本无法预见"是补充性语句，它与后面的内容界限不清，应在"预见"后加一个破折号)

## 第二节 词语的使用

### 一、中学语文词语使用教学和学习要求

《义务教育语文课程标准（2011 年版）》第二部分课程目标与内容的"学段目标与内容"中，关于词语使用方面的要求集中体现在各学段的"阅读"和"写话（习作、写作）"部分。具体如下。

第一学段（1～2 年级）：

阅读：结合上下文和生活实际了解课文中词句的意思，在阅读中积累词语。

写话：在写话中乐于运用阅读和生活中学到的词语。

第二学段（3～4 年级）：

阅读：能联系上下文，理解词句的意思，体会课文中关键词句表达情意的作用。能借助词典、字典和生活积累，理解生词的意义。

习作：尝试在习作中运用自己平时积累的语言材料，特别是有新鲜感的词句。

第三学段（5～6 年级）：

阅读：能联系上下文和自己的积累，推想课文中有关词句的意思，辨别词语的感情色彩，体会其表达效果。

第四学段（7～9 年级）：

阅读：在通读课文的基础上，理清思路，理解、分析主要内容，体味和推敲重要词句在语言环境中的意义和作用。

《普通高中语文课程标准（2017 年版 2020 年修订）》第四部分课程内容中，与词语使用相关的内容集中体现在"学习任务群 4　语言积累、梳理与探究"和"学习任务群 13　汉字汉语专题研讨"中，涉及的内容包括：在语境中解读词汇、理解语义，对比口语和书面语用词的差别，归纳

梳理词汇意义的系统性，正确运用成语典故等。从词性上看，词语包括实词和虚词两部分，其中实词是历年高考考查的重点，尤其是成语使用和同义词辨析，考查的概率最高。另外，口语和书面语用词的差别也是重要考点。虚词方面，主要考查关联词语的使用。

## 二、词语使用必备知识

### （一）词义的分类

词义可分为客观概念义和主观色彩义。

1. 客观概念义

客观概念义，即概念义，是指与表达概念有关的意义，又称为理性义或主要意义。如：

花：可供观赏的种子植物的有性繁殖器官，有各种形状和颜色。
复杂：（事物的种类、头绪等）多而杂。
宣布：公开正式告诉（大家）。

词典对词目所做的解释，主要就是概念义。

2. 主观色彩义

主观色彩义，即色彩义，附在概念义之上，反映的是人或语境赋予词的特定感受。主要有以下三种。

（1）情态色彩义。

情态色彩义是指附着在词义上与其概念义同时存在的主观感情和态度。主要分成以下两类。

a) 感情色彩。感情色彩可分为褒义、贬义和中性三种。

有些词表示说话人对有关事物的肯定、赞许等态度，这就是词义中的褒义色彩，这样的词称作"褒义词"。如：

美丽　成就　伟大　光明　诚实　善良　谦虚　可爱　慈祥　敏捷

有些词表示说话人对有关事物的厌恶、否定等态度，这就是词义中的贬义色彩，这样的词称作"贬义词"。如：

虚伪　丑陋　凶恶　高傲　懒惰　懦弱　怂恿　迟钝　渺小　黯淡

此外，更多的词既没有褒义色彩，也没有贬义色彩，这样的词称作"中性词"。如：

课桌　天气　山脉　河流　水泥　树木　手机　比赛　走　东　梦

有一些中性词在一定语境里会产生褒义或贬义的感情色彩。

b）态度色彩。态度色彩主要指人的态度倾向。比如"绵薄、寒舍、鄙人、拙作"等表谦虚态度；"谢绝、答拜、费神、劳驾、惠赠、失陪、指教、承蒙"等表客气态度；"诞辰、拜望、恩师、先生、赐教、恭候、大作"等表敬重态度；"走狗、叛徒、羞与为伍、禽兽不如、小人"等表鄙薄态度；"驳斥、拒绝、抗议、驳回"等表强硬态度。

（2）语体色彩义。

语体色彩可分为书面语色彩和口语色彩。

有些词经常用于书面语体中，这样的词多带有书面语色彩。如：

就寝　徜徉　踌躇　欺凌　交流　头部　风貌　恐惧　疲惫　购置　发言

还有些词经常用于口语语体中，这样的词多带有口语色彩。如：

睡　溜达　打算　欺负　聊天儿　脑袋　样子　怕　累　买　说

选择具有语体色彩的词，固然同使用的场合有关，也同说话人的文化修养有关。

（3）形象色彩义。

形象色彩指有些词通过描摹、比喻等手法使词义富于具体的形象感。如"鹅卵石"通过描摹事物的外形，使人们对于此类石头的形态特征有了具体的把握。"摊牌"使用了比喻手法，表现在最后关头把所有的意见、条件、实力等摆出来给对方看，有强烈的动态感。再如：

狮头鹅　云海　玉带桥　马尾松　美人鱼　喇叭花　松糕鞋　蛇山

99

（以上为形态）

垂柳　失足　上钩　牵牛花　攀枝花　钻山豹　碰碰车（以上为动态）

绿洲　碧空　黄莺　白桦　雪豹　彩带　墨菊（以上为颜色）

布谷鸟　知了　恰恰舞　乒乓球（以上为声音）

## （二）同义词的差别

同义词是指意义相同或相近的一组词。同义词的差别主要表现在以下三个方面。

1. 概念意义的差别

（1）意义的重心不同。如"奔驰、奔腾"都指"飞快地跑"，但"奔驰"重在"驰"，指急快地飞跑，如"汽车奔驰在草原上"；"奔腾"重在"腾"，指一起一伏、跳跃式地跑，如"万马奔腾"。

（2）意义的轻重程度不同。如"轻视、蔑视"都有"看不起"的意思，但"蔑视"的程度显然比"轻视"重，"蔑视权贵"里的"蔑视"就不能改为"轻视"。

（3）范围的大小不同。如"新闻、消息"虽然都指报刊或电台报道的最新发生的事，但"新闻"可以是简短的，也可以是较详尽的，甚至包括通讯、调查报告等，范围较大；而"消息"只指简短的关于人物或事物情况的报道，范围较小。

（4）集体与个体不同。如"信件、信"所指为同一事物，但"信件"指同类事物的集合体，不能用数量短语修饰；而"信"指具体、个别的信，可用数量短语修饰。

（5）搭配对象不同。如"废除、解除、破除"都有去掉、消除的意思，但"废除"的对象常为不合理或无用的抽象事物，如制度、法令、方法、特权等；"解除"的对象常为束缚或困扰身心的事物，如束缚、疑难、痛苦、顾虑、危险、警报、武装等；"破除"的对象常为原先被人们重视但现在认为是不正确的事物，如迷信、成见、思想、清规戒律等。

2. 色彩方面的差别

（1）感情色彩不同。如"成果、结果、后果"都指事情的结局，但分别是褒义词、中性词和贬义词。

（2）语体色彩不同。如"父亲、爸爸"，前者具有书面语色彩，后者具有口语色彩。

(3) 形象色彩不同。如"雀跃、高兴",二者概念义相同,但前者比后者更形象。

3. 词性方面的差别

有些同义词有词性上的差异。如"祸害、祸患"都可做名词,指危害性大的、能引起灾祸的事物或人,但"祸害"是兼类词,除了做名词,还可做动词,指损害、损坏,如"祸害社会的行为必须坚决制止",而"祸患"只能做名词。

大多数情况下,同义词之间的差别是多样而复杂的,需要结合以上介绍的各种差别进行多角度辨析。

### (三) 成语及其特征

成语指人们长期习用、书面色彩较强的固定短语。成语结构简洁、含义精辟,多为四字结构,大多有典故。成语具有以下基本特征。

1. 意义整体化

成语的意义与词的意义一样,往往不是构成成分意义的简单相加,而是具有从表层的字面意义通过引申或比喻的方式衍生出来的深层意义。如"闻鸡起舞"表层的字面意义是讲述东晋祖逖听到鸡鸣就起床舞剑的故事,它的深层意义则是比喻有志之士及时奋发。可见,成语的意义是表层意义和深层意义的相互融合。要正确使用成语,必须准确把握成语意义的整体化特点。

2. 结构凝固化

绝大多数成语具有结构凝固化的特点。一般来说,它的构成成分不能随意更换或增减,构成成分的位置也不能随意变动。只有个别成语在使用过程中变换了成分或改变了构成语序,如"揠苗助长"也说"拔苗助长","每下愈况"可变成"每况愈下",但这些是极特殊的情况。

3. 风格典雅化

成语大多来自古代文献,书面语体色彩较强,表意典雅。

## 三、词语积累

### (一) 常用谦辞与敬辞集锦

1. 谦辞

(1)"鄙""愚""敝""拙"字开头,用于自称或自谦。如:

鄙人、敝人:对人称自己。
愚兄:向比自己年轻的人称自己。
愚弟:向比自己年长的人称自己。
鄙见、愚见、拙见:称自己的意见。
敝姓:称自己的姓。
敝处:称自己的房屋、处所。
敝校:称自己的学校。
拙笔:称自己的文字或书画。
拙著、拙作:称自己的文章。

(2)"家"字开头,用于对别人称比自己辈分高或同辈但年纪较大的亲属。如:

家父、家尊、家严、家君:对人称自己的父亲。
家母、家慈:对人称自己的母亲。
家兄:对人称自己的哥哥。

(3)"舍"字开头,用于对别人称自己的家,称比自己的辈分低或同辈但年纪较小的亲属。如:

舍间、舍下:对人称自己的家。
舍弟:对人称自己的弟弟。
舍妹:对人称自己的妹妹。
舍亲:对人称自己的亲戚。

(4)"小"(或"后、晚")字开头,用于称自己或与自己有关的人或事物。如：

小弟：男性在朋友或熟人之间谦称自己。
小儿：谦称自己的儿子。
小女：谦称自己的女儿。
小店：谦称自己的商店。
后学：后进的学者或读书人（多用作自谦）。
晚生：后辈对前辈谦称自己。

(5)"薄"字开头，用于称与自己有关的事物。如：

薄技：微小的技能，常用来谦称自己的技艺。
薄酒：味淡的酒，常用作待客时的谦辞。
薄礼：不丰厚的礼物，多用于谦称自己送的礼物。
薄面：为人求情时谦称自己的情面。

(6)"敢"字开头，表示冒昧地请求别人。如：

敢问：用于问对方问题。
敢请：用于请求对方做某事。
敢烦：用于麻烦对方做某事。

(7) 其他谦辞。如：

斗胆：大胆（多用作谦辞）。
过奖：过分地表扬或夸奖（用于对方赞扬自己时）。
绵薄：称自己薄弱的能力。
不敢当：表示自己承当不起（对方的招待、夸奖等）。
寒舍：称自己的家。
犬子：称自己的儿子。

2．敬辞
(1)"令"字开头，用于称对方的亲属。如：

令尊：称对方的父亲。
令堂：称对方的母亲。
令郎：称对方的儿子。
令爱：称对方的女儿。
令亲：称对方的亲戚。

(2)"惠"字开头，用于对方对待自己的行动。如：

惠存：请保存（多用于送人相片、书籍等纪念品时所题的上款）。
惠临：指对方到自己这里来。
惠顾：同惠临（多用于商家对顾客）。
惠允：指对方允许自己（做某事）。
惠赠：指对方赠予（财物）。

(3)"垂"字开头，用于别人（多指长辈或上级）对自己的行动。如：

垂爱：称对方（多指长辈或上级）对自己的爱护（多用于书信）。
垂问、垂询：称别人（多指长辈或上级）对自己的询问。
垂念：称对方（多指长辈或上级）对自己的关心挂念。

(4)"赐"字开头，用于别人对自己的指示、光顾、答复等。如：

赐教：请别人给予指教。
赐顾：称别人对自己的光顾。
赐复：称别人给自己的回复。

(5)"请"字开头，用于希望对方做某事。如：

请问：用于请求对方回答问题。
请教：用于请求别人指教。

(6)"高"字开头，用于称别人的见解、年纪等。如：

高见：高明的见解（多用于称对方的见解）。
高论：见解高明的言论（多用于称对方发表的意见）。
高寿：用于问老人的年纪。
高足：称呼别人的学生。

(7)"华""贵""芳"字开头，用于称与对方有关的事物。如：

华翰：称对方的书信。
华诞：称人的生日。
贵干：问对方要做什么。
贵庚：问对方的年龄。
贵恙：称对方的病。
贵子：称对方的儿子（多含祝福意）。
贵国：称对方的国家。
贵校：称对方的学校。
芳邻：称对方的邻居。
芳龄：称对方的年龄（多用于年轻女子）。
芳名：称对方的名字（多用于年轻女子）。

(8)"奉"字开头，用于自己的举动涉及对方时。如：

奉还：归还。
奉劝：劝告。
奉陪：陪伴；陪同做某事。
奉送、奉赠：赠送。

(9)"拜"字开头，用于人事往来。如：

拜读：阅读对方的文章。
拜访：访问对方。
拜服：佩服对方。
拜贺：祝贺对方。
拜托：托对方办事。

拜望：探望对方。

（10）"恭"字开头，表示恭敬地对待对方。如：

恭贺：恭敬地祝贺。
恭候：恭敬地等候。
恭请：恭敬地邀请。
恭迎：恭敬地迎接。

（11）"屈"字开头，表示使对方受委屈，是谦虚的说法。如：

屈驾：委屈大驾（多用于邀请人）。
屈就：委屈就任（多用于请人担任职务）。
屈居：委屈地处于较低的地位。
屈尊：降低身份俯就。

（12）"俯"字开头，旧式公文书信中用来称对方对自己的行为。如：

俯察：称对方或上级对自己的理解。
俯就：用于请对方同意担任职务。
俯念：称对方或上级体念。
俯允：称对方或上级允许。

（13）"雅"字开头，用于称对方的情意或举动。如：

雅教：称对方的指教。
雅意：称对方的情意或意见。
雅正：用于把自己的诗文书画等送给人时请对方指教。

（14）其他敬辞。如：

莅临：来到，来临（多用于贵宾）。
光临：称宾客来到。

驾临：称对方到来。
借重：指借用其他的（力量）。
鼎力：敬辞，大力（用于请托或表示感谢时）。
借光：客套话，用于请别人给自己方便或向人询问。
叨光：客套话，沾光（多用于受到好处，表示感谢）。
叨教：客套话，领教（多用于受到指教，表示感谢）。
叨扰：客套话，打扰（多用于受到款待，表示感谢）。

## （二）历年高频考查的成语

安步当车：安，安详，不慌忙；安步，缓缓步行。意为以从容的步行代替乘车。

笔走龙蛇：形容书法笔势雄健活泼。

筚路蓝缕：筚路，柴车；蓝缕，破衣服。驾着柴车，穿着破旧的衣服去开辟山林。形容创业的艰苦。也作荜路蓝缕。

不足为训：不值得当作典范或法则。

不期而遇：期，约定。没有事先约定而意外地相遇。对象一般是人。

不甚了了：不太了解，不怎么清楚。

不以为然：不认为是对的，表示不同意（多含轻视之意）。

不以为意：不把它放在心上，表示不重视，不认真对待。

不刊之论：刊，古代指削除刻错了的字，不刊即不可更改。比喻不能改动或不可磨灭的言论。

差强人意：差，稍微。大体上还能使人满意。

沧海桑田：大海变成农田，农田变成大海。比喻世事变化很大，也说桑田沧海。

踌躇满志：踌躇，得意的样子。形容对自己的现状或取得的成就非常得意。

当仁不让：原指以仁为任，无所谦让，后指遇到应该做的事就积极主动去做，不推让。

独树一帜：树，立；帜，旗帜。单独树起一面旗帜。比喻独特新奇，自成一家。

防患未然：指在事故或者灾难、祸患发生之前就做好相应的防范工作。

匪夷所思：匪，不是；夷，平常。指言谈行动离奇古怪，不是一般人根据常情所能想象的。

甘之若饴：感到像糖一样甜。指为了从事某种工作，甘愿承受艰难、痛苦。

耿耿于怀：事情（多为令人牵挂的或不愉快的）在心里，难以排解。

光怪陆离：形容形状奇怪，色彩繁杂，中性词（不能用来形容人），也形容事物离奇多变。

浩如烟海：浩，广大；烟海，茫茫大海。形容典籍、图书等极为丰富。

涣然冰释：涣然，流散的样子；释，消散。像冰遇热消融一般。形容疑虑、误会、隔阂等完全消除。

讳莫如深：讳，隐讳；深，事件重大。原意为事件重大，讳而不言。后指把事情隐瞒得很紧。

举重若轻：举起沉重的东西像是在摆弄轻的东西。比喻能力强，能够轻松地胜任繁重的工作或处理困难的问题。

慷慨解囊：主要用于对别人提供支援、排忧解难。

扣人心弦：扣，敲打。形容诗文、表演等有感染力，激动人心。

空谷足音：在空寂的山谷里听到人的脚步声。比喻难得的音信、言论或事物。

乐此不疲：因酷爱干某事而不感觉厌烦。形容对某事特别爱好而沉浸其中，不觉得疲倦。

淋漓尽致：形容文章或谈话详尽透彻，表达非常充分、透彻，也可指暴露得很彻底或非常痛快。

难以释怀：无法放弃和割舍内心的情怀和牵挂。

南辕北辙：心里想往南去而车子却往北行，指行动与目的相反。

弄巧成拙：想要巧妙的手段，结果反而坏了事。

巧舌如簧：舌头灵巧，像乐器里的簧片一样能发出动听的乐音。形容花言巧语，能说会道。

情不自禁：禁，抑制。感情激动得不能控制，强调完全被某种感情所支配。

求全责备：指对人或对人做的事情要求十全十美，毫无缺点，对别人有苛求之意。

趋之若鹜：像鸭子一样成群跑过去，比喻很多人争着去做某事。贬义词。

如数家珍：如，如同、像。形容列举的事物或叙述的故事像数自己家中的珍宝一样，十分熟悉。

莘莘学子：莘莘，众多。前面不能使用数量词修饰。

首当其冲：当，承当、承受；冲，要冲、交通要道。比喻最先受到攻击或遭到灾难。

叹为观止：赞美所见到的事物好到了极点。主语通常是人，但如果主语是物，需要表述为"令人叹为观止"。

投桃报李：意思是别人送给我桃子，我以李子回赠。比喻友好往来或互相赠送东西。

推波助澜：比喻从旁鼓动、助长事物（多指坏的事物）的声势和发展，扩大影响。

万人空巷：家家户户的人都从巷子里出来了，多用来形容庆祝、欢迎等的盛况。

文不加点：点，涂上一点，表示删去。形容写文章很快，不用涂改就写成。

惟妙惟肖：形容描写或模仿得非常好，非常逼真。

捉襟见肘：形容衣服破烂。比喻顾此失彼，穷于应付。

洋洋洒洒：形容文章或谈话内容丰富，连续不断，也形容规模或气势盛大。

抑扬顿挫：形容声音高低起伏、有停顿转折。

## （三）常考的多义成语

按部就班：原指写文章时结构安排得当，选词、造句合乎规范。现在有褒贬两种色彩。①按照一定的条理、顺序做事。如：学习科学知识，一定要按部就班。②按照惯例、老框框办事，不知变通。如：他做事总是按部就班，缺乏创新。

暗送秋波：既指献媚取宠，暗中勾结，也指有情人暗中眉目传情。

百花齐放：指同一事物有许多做法，同一内容有多种形式。比喻艺术上不同形式或风格的自由发展。也指各种花卉一起开放。

标新立异：①用作贬义词，指提出新奇的主张，显示自己与众不同。如：他有意在诗歌中标新立异，我们可以看出他的斧凿痕迹。②用作褒义词，指敢于打破陈规陋习，解放思想，进行革新创造。如：酷味十足、标新立异的娱乐先锋××备受广大歌迷喜爱。

不三不四：形容为人不正派、不规矩，也用来说明事物不像样子，与"不伦不类"相似。

乘风破浪：比喻志向远大，不怕困难，奋勇前进。也指飞速地航行。

春风得意：既可以指进士及第后的得意心情，也可以用来形容人官场腾达或事业顺心时扬扬得意的样子。

处之泰然：①可以形容对困难或紧急的情况毫不在意，沉着镇定，褒义词。如：邓世昌在甲午中日海战一开始，就清楚地意识到战局的严峻，但他抱定以死报国的决心，所以直至决定与敌舰同归于尽的最后一刻，他仍是处之泰然。②指对某件事情毫不关心，含贬义。如：这个困难，今后必然愈来愈厉害，目前还有若干同志处之泰然，不大觉得，我们就有唤起这些同志提起注意之必要。（毛泽东《一个极其重要的决策》）

粗枝大叶：形容简略或概括，也形容草率、不认真细致。

登峰造极：意思是到了极点，它有褒贬双重感情色彩。①比喻学问、技能达到最高的境界，如：××的舞蹈艺术，可以说已达到了登峰造极的境界，美妙无比。②比喻干坏事猖狂到了极点。如：身为人民公仆的××，鲜廉寡耻，贪污受贿，损公肥私达到了登峰造极的地步。

对牛弹琴：比喻对不懂道理的人讲道理，对外行人说内行话，也用来讥笑说话的人不看对象。

独善其身：既指只顾自己，缺乏集体精神，也指人要搞好自身修养。

非同小可：不同一般的小事。形容事情重要，情况严重，不可忽视，也指人的学问、本领不同寻常。

粉墨登场：既指化妆上台演出，也讥讽某些人登上政治舞台。

粉身碎骨：①比喻被彻底摧毁的下场，贬义词。如：谁要是与人民为敌，必将被历史的车轮碾得粉身碎骨。②指为了达到某个目的而丧失生命，褒义词。如：为了全人类的彻底解放，即使赴汤蹈火、粉身碎骨，也在所不辞。

高山流水：比喻知己或知音，也比喻乐曲高妙。

高视阔步：①形容气概不凡，含褒义。如：屈原带着长长的宝剑，戴着高高的帽子，高视阔步，气势昂扬。②形容态度傲慢，含贬义。如：这个人一旦得势，便高视阔步，目空一切。

高谈阔论：指漫无边际地大发议论，多含贬义，也指发表深刻的议论。

顾影自怜：既指孤独失意的样子，也指自我欣赏。
拐弯抹角：形容路上曲折很多，也比喻说话不爽直。
规行矩步：既比喻墨守成规，不知变通，也比喻举动合乎规矩，毫不苟且。
鬼斧神工：像是鬼神所为。①形容建筑、雕刻技艺精湛高明，几乎不为人力所及。如：全县都有石刻古迹，我们看了宝顶山和北山两处，作为艺术品真是鬼斧神工。②形容山石的奇形怪状，凌然峭立。如：黄山的怪峰奇石，形态千变万化，无怪乎人们要叹之为鬼斧神工了。
海底捞月：①去做根本不能做到的事，贬义词。如：这样不用功的学生，怎样教都是海底捞月，一场空。②可以形容弯下身子抓起很快就要落地的东西时的动作、姿态，中性词。如：他来了一个海底捞月，救起了一个险球。
海阔天空：形容大自然的广阔，也比喻想象或说话毫无拘束，漫无边际。
呼风唤雨：既比喻进行煽动性活动，也比喻人能够支配自然或左右某种局面。
呼之欲出：①泛指文学作品中人物的描写十分生动。②指某事即将揭晓或出现。
昏天黑地：既形容人的生活荒唐颓废，也形容人的神志不清。
洁身自好：既指保持自身纯洁，不去同流合污，也可用作只顾自己，怕惹是非。
箭在弦上：比喻事情到了不得不做或不得不说的时候，也形容事态紧张，一触即发。
金玉满堂：既指占有很多财富，也比喻人很有才学，学识丰富。
空穴来风：原义为有了洞穴才有风进来，比喻消息和传说不是完全没有根据的，现多用来比喻消息和传说毫无根据。
苦心孤诣：形容尽力钻研、经营，达到别人所达不到的程度，也形容为寻求解决问题的办法而费尽心思。
例行公事：既指只重形式、不讲实效的工作，也指按照惯例处理的公事。
两袖清风：比喻做官清廉，也比喻贫穷或手头没有积蓄。
另起炉灶：既比喻脱离集体另搞一套，也比喻重新做起。
另眼相看：褒义指看重和优待；贬义指用另外的眼光来看待，含有歧视的意思。

眉来眼去：①多用于男女示爱。如：他们两个眉来眼去，早就好上了。②指坏人之间勾勾搭搭。如：吴三桂与多尔衮之间，早已眉来眼去，暗中交通。

绵里藏针：既比喻外貌柔和，内心刻毒，也形容柔中有刚。

难分难解：既指双方争吵、打斗相持不下，难以分出胜负，也形容双方关系异常亲密，难以分离。

旁若无人：①形容高傲，做贬义词。如：这个人一向自以为了不起，说起话来旁若无人。②形容态度自然，做褒义词。如：他上台发言，侃侃而谈，旁若无人。

平铺直叙：①形容说话或写文章平平淡淡，没有起伏，重点不突出，含贬义。如：写《我的一天》这类文章，应该摘取两三个片段，来说明生活的意义，绝不能平铺直叙。②指说话或写文章时不加修饰，直接、简单地说出自己的意思，含褒义。如：欧阳修的短文《卖油翁》平铺直叙，明白晓畅。

奇文共赏：①指共同欣赏或分析研究文章，做褒义词。如：我们的语文老师，喜欢把同学的好作文贴出来，称之为奇文共赏。②指批判有错误的文章，做贬义词。如：这篇文章错误百出，我看可以来一个奇文共赏。

穷形极相：既指丑态毕露，也指描写刻画十分细致生动。

如虎添翼：既可以形容强大的得到援助后更加强大，也可以形容凶恶的得到援助后更加凶恶。

沙里淘金：既比喻费力大而成效少，也比喻从大量的材料中选择精华。

寿终正寝：指老年人死在家里，也比喻事物的消亡。

数米而炊：比喻把精力都放在做琐碎的小事上，以致劳而无功，也形容生活困窘。

四平八稳：既形容说话、做事情、写文章稳当，也指做事情只求不出差错，缺乏创新精神。

铤而走险：形容走投无路，被迫冒险。现在多用来形容违法乱纪分子的行动。

万紫千红：现多指繁荣兴旺、丰富多彩的社会现象，也指百花盛开，色彩艳丽。

无为而治：主张以德政治民，不用刑罚。后多指寓治于教化之中。现指放任自流、不加约束的治理方法。

舞文弄墨：既指歪曲法律条文作弊，也指玩弄文字技巧。

形若无事：既指在紧急关头镇定自若，也指对坏人坏事听之任之，满不在乎。

胸无宿物：宿物，隔夜存放的东西。形容为人坦率，不抱成见，也形容心里藏不住话。

秀色可餐：①形容女性容貌美丽动人。如：这女子容貌姣好，秀色可餐，到哪里都犹如众星捧月一样地被男人宠爱着。②形容景色优美，让人入迷忘饥。如：苏杭山水果然名不虚传，秀色可餐，称之为"人间天堂"实不为过。

洋洋洒洒：①形容说话或写文章才思充沛，连绵不断。如：他才思敏捷，一眨眼就洋洋洒洒写下了近千字的文章。②形容规模盛大，气势磅礴。如：这个贫困县的三个领导分坐三辆轿车去基层检查工作，一路上洋洋洒洒，好不气派。

一针见血：比喻说话、写文章言辞直接、简要，能切中要害。

瞻前顾后：既形容做事情之前考虑周密细致，也形容顾虑太多，犹豫不决。

### （四）谦敬易错位的成语

古人注重尊卑，长幼有序，行事谈吐谦卑有理，进退有度。我们在使用成语时要注意谦敬得体，不要谦敬错位。

1. 适合用作谦辞的成语

班门弄斧：班，指古代的巧匠鲁班。在鲁班门前耍弄斧头。比喻在行家面前卖弄本领。

笨鸟先飞：表示自己能力差，恐怕落后，比别人先行一步。

敝帚自珍：一个破扫把，自己也十分珍惜。比喻自己的东西再不好也值得珍惜。

避让贤路：交印辞职，给才德高的人让路。常用作老年隐退的自谦辞。

不材之木：本指不能成材的树木，常用作自谦之辞，用来指自己才能平庸。

不情之请：客套话，不合情理的请求（向人求助时称自己的请求）。

不足挂齿：足，值得；挂齿，放在嘴上说。事情不值得一提。

才疏学浅：见识不广，学问不深。

诚惶诚恐：原为敬辞，是封建时代奏章中的用语，表示对皇帝既忠诚虔敬，又惶恐不安。后用来谦称自己做事有诸多忧虑，非常谨慎。

德薄能鲜：德行浅薄，才能不足。

地主之谊：地主，指当地的主人；谊，"义"的通假字，即"责任、义务"的意思。指招待客人，这是当地的主人应尽的义务与责任。

雕虫小技：比喻微不足道的技能（多指文字技巧）。

东涂西抹：本指妇女涂脂抹粉。后常用作提笔作画、写字或作文的谦辞。

绠短汲深：绠，打水用的绳子；汲，从下往上打水。吊桶的绳子很短，却要从深井里打水。比喻能力微薄，但任务重大。

恭敬不如从命：与其态度谦逊有礼，不如遵从人家的意见。

姑妄言之：姑且说说。

挂一漏万：挂，列举；漏，遗漏。提到一个，漏掉上万个。形容列举到的很少，遗漏的很多，很不完备。

管窥蠡测：管，竹管；窥，从小孔或缝隙里看；蠡，瓢。从竹管里看天，用瓢来量大海。比喻眼光狭窄，见识浅陋。也作"以管窥天，以蠡测海"。

敬谢不敏：谢，推辞；不敏，不聪明、没有才能。恭敬地表示能力不够或不能接受。多为推辞做某事的婉辞。

硁硁之见：意为粗鄙浅薄的见解。用作自谦，形容粗鄙浅薄的意见。

滥竽充数：用作自谦之词。指本无才能却占据其位。

聊表寸心：聊，略微；寸心，微薄的心意。略微表示一下心意。

马齿徒增：谦称自己虚度年华，没有成就。

绵薄之力：微薄的力量。

命途多舛：命，即命运；途，指经历；舛，背离、不一致。指命运和经历常与自己的主观愿望背离，不一致。常为叙述自己遭遇时的谦辞。

驽马铅刀：驽马，指劣马；铅刀，指用铅做的刀，铅的硬度很低，铅刀无法锋利。借以比喻能力微薄，才识平庸。

抛砖引玉：抛出砖去，引回玉来。比喻用粗浅的、不成熟的意见或文章引出别人高明的、成熟的意见或作品。

蓬荜生辉：蓬荜，编蓬草、荆竹为门，形容穷苦人家。使寒门增添光辉。用以称谢别人来到自己家里或称谢别人将题赠的字画送到自己家里。

千虑一得：即使愚笨的人，在很多次考虑中也总会有些可取的地方。
区区此心：区区，微小、微薄。形容微不足道的一点心意或想法。
犬马之养：供养父母的谦辞，指自己供养父母做得不太好。
容膝之安：本指可以立足的安身之地，常用来谦称自己的居处狭小。
尸位素餐：尸位，空占职位不做事；素餐，白吃饭。谦称自己未尽职责。
忝列门墙：辱没他人，自己有愧。
望尘莫及：同对方相比，差之甚远。
问道于盲：向盲人问路。比喻向什么也不懂的人请教，不能解决问题。
无功受禄：没有功劳而得到报酬。
信笔涂鸦：形容字写得很潦草。
一得之功：一得，一点心得、收获；功，成绩。一点微小的成绩。
一得之见：表示自己一点浅薄的意见。
一得之愚：一得，一点心得；愚，愚见。谦称自己的一点愚昧的见识。
一孔之见：比喻狭隘片面的见解。
一枝之栖：只求得到一个工作机会或安身之处，常用于表达对工作或生活的谦逊态度。
一知半解：所知不多，理解肤浅。
贻笑大方：贻，留给；大方，指见识广博或有专长的人。指让学者或行家笑话。
愚者千虑，必有一得：愚笨的人多次思虑问题，也会有一次是正确的，能得到一定的收获。

2. 适合用作敬辞的成语

不吝赐教：用于自己向别人征求意见或请教问题。
大材小用：把大的材料用在小处。比喻才能很高的人屈就于低下职位，不能充分发挥其才能。
当之无愧：当，承当；无愧，毫无愧色。当得起某种称号或荣誉，无须感到惭愧。
鼎力相助：大力相助（表示请托或感谢时用）。
高朋满座：高贵的朋友坐满了席位。形容宾客很多。
高抬贵手：客套话，多用于请求对方饶恕或通融。

率先垂范：带头给下级或晚辈做示范。
门墙桃李：门墙，指师长之门；桃李，比喻后进者或学生。称他人的学生。
泰山北斗：比喻道德高、名望重或有卓越成就的为众人所敬仰的人。
洗耳恭听：洗清耳朵，恭敬地听讲。形容恭敬而认真地听人讲话（多为请人讲话时说的客气话）。
虚怀若谷：胸怀像山谷一样空旷深广。形容非常谦虚。
虚左以待：虚，空着；左，古时以左位为尊。空着左边的位置等待客人，表示尊敬。也泛指留出位置恭候他人。

### （五）含褒/贬色彩的成语

#### 1. 含褒义色彩的成语

别出机杼：比喻写作不因袭前人，另辟新路。
别有天地：形容风景或艺术创作的境界引人入胜。
惨淡经营：指在文学创作上费尽心思、辛辛苦苦地经营筹划。后指在困难的境况中艰苦地从事某种事业。
耳提面命：形容恳切地教导。
凤毛麟角：比喻珍贵而稀少的人或事物。
侃侃而谈：形容说话理据充分，从容不迫。
苦心孤诣：指尽心竭力钻研，达到别人所无法到达的境地。
来日方长：未来的日子还很长。表示事有可为，劝人不必急于做某事。
名不虚传：指实在很好，不是空有虚名。
前赴后继：前面的人上去了，后面的人就跟上去。形容踊跃前进，连续不断。
前仆后继：前面的人倒下了，后面的人继续跟上去。形容英勇奋斗，不怕牺牲。
沁人心脾：指呼吸到新鲜空气或喝了清凉饮料使人感到舒适。也用来形容美好的诗文、乐曲等给人以清新、爽朗的感觉。
如火如荼：比喻声势盛大而热烈。
神机妙算：形容预料准确，善于估计形势、决定策略。
夙兴夜寐：早起晚睡，用来形容勤劳。
同心同德：为同一个心愿、同一个目的而努力。

危言危行：说正直的话，做正直的事。
蔚然成风：形容一种事物逐渐发展流行，形成风气。
胸无城府：形容待人接物坦率真诚，心口如一。
洋洋大观：形容事物繁多，丰富多彩。
有口皆碑：碑，指记功碑。比喻人人称赞。
雨后春笋：比喻新事物大量、迅速地涌现出来。
重整旗鼓：失败后，重新聚集力量再干。

2. 含贬义色彩的成语

半斤八两：比喻彼此一样，不相上下。
别有用心：指言论或行动另有不可告人的企图。
处心积虑：费尽心机谋划、考虑。
蠢蠢欲动：指敌人或坏人策划或开始进行攻击破坏活动。
大言不惭：说大话，吹牛皮，一点也不害臊。
弹冠相庆：是指一个人升官，他的同伙也互相庆贺将有官可做。
道貌岸然：指神态庄重严肃、一本正经的样子，多含讥讽。
咄咄逼人：形容气势汹汹，盛气凌人，使人难堪。
翻云覆雨：指反复无常或玩弄手段。
改头换面：指只改形式不改内容，多含贬义。表面上改一下，实质上和原来的还是一样。
高谈阔论：指不着边际地大发议论。
冠冕堂皇：形容表面上盛大庄严的样子。
邯郸学步：比喻模仿别人不到家，反而把自己原来会的东西忘了。
沆瀣一气：比喻气味相投者结合在一起。
好高骛远：指在学习或工作上不切实际地追求过高的目标。
好为人师：指不谦虚，喜欢以教育者自居。
虎视眈眈：形容贪婪而凶狠地盯着看，等待机会下手。
满城风雨：比喻某一件事件传播很广，到处都在议论。
明目张胆：形容公开放肆地干坏事。
评头论足：泛指对人对事等多方议论、挑剔。
巧言令色：指用花言巧语和假装和善来讨好别人，也指讨好别人的花言巧语和伪善态度。
倾巢而动：比喻人员全部出动。
人模人样：或指小儿有成人相，或指人的态度举止俨然与身份不相称。

如丧考妣：好像死了父母一样地伤心和着急。

三人成虎：比喻谣言或讹传一再重复就会使人信以为真。

上下其手：指玩弄手法，暗中作弊。

神气活现：表现出自鸣得意或傲慢的神态。

师心自用：固执己见，自以为是。

始作俑者：比喻恶劣风气的开创者。

守株待兔：比喻不主动地努力，而心存万一的侥幸心理，希望得到意外的收获。

死灰复燃：比喻失势的人又重新得势。也比喻已经消灭的事物又重新活动起来。

天花乱坠：形容说话有声有色，极其动听，多指夸张而不切实际。

推波助澜：比喻从旁鼓动、助长事物（多指坏的事物）的声势，扩大影响。

忘乎所以：指因过分兴奋或得意而忘了应有的举止。

为所欲为：想干什么就干什么。

无所不为：指什么坏事都干。

无所不至：什么坏事都做或坏事都做遍了。

一唱一和：原形容两人感情相通。现也比喻二人互相配合，互相呼应。

一丘之貉：比喻彼此相同、没有差别的坏人。

一团和气：指互相之间只讲和气，不讲原则。

衣冠楚楚：衣帽穿戴得很整齐，很漂亮，外表与内心不一样。

颐指气使：形容有势力的人的傲慢神情。

以邻为壑：比喻把困难、灾祸推给别人。

亦步亦趋：比喻因缺乏主见，任何事都模仿、追随他人。

因人成事：依靠别人的力量办成事情。

长此以往：长期如此下去。

指手画脚：形容说话时兼用手势示意。也形容轻率地指点、批评。

趾高气扬：形容骄傲自满、得意忘形的样子。

炙手可热：比喻气焰很盛，权势很大。

自命不凡：指自以为不平凡，比别人高明。

坐而论道：指空谈大道理而不见行动。

## （六）在使用中容易导致重复累赘的成语（括号里的内容多余，应删去）

出乎意料（之外）　　　　　　感激涕零（地流下眼泪）
接踵而至（地闯进来）　　　　开诚相见（地交换意见）
刻骨铭心（地难以忘记）　　　口若悬河（地说个不停）
满腹经纶（的才华）　　　　　潜移默化（地影响着）
三令五申（地强调）　　　　　习以为常（的习惯）
一览无余（地看到）　　　　　责无旁贷（的责任）
（广大灾民）哀鸿遍野　　　　（感到）爱莫能助
（浑身）遍体鳞伤　　　　　　（一起）并驾齐驱
（突然）不期而遇　　　　　　（没想到）受到不虞之誉
（亲眼）耳闻目睹　　　　　　（正）方兴未艾
（各自）分道扬镳　　　　　　（忽然）恍然大悟
（还）记忆犹新　　　　　　　（独自）孑然一身
（值得）可歌可泣　　　　　　（迅速）立竿见影
（令人）利令智昏　　　　　　（到处）漫山遍野
（突然）茅塞顿开　　　　　　（更加）弥足珍贵
（劳苦大众）民不聊生　　　　（好像）如数家珍
（说得）闪烁其词　　　　　　（众多的）莘莘学子
（百姓）生灵涂炭　　　　　　（说话音量）声如洪钟
（自然地）水到渠成　　　　　（几天几夜）通宵达旦
（自己）妄自菲薄　　　　　　（替他）为虎作伥

## (七) 复句类型和常用关联词语 (见表 4-1)

表 4-1 复句类型和常用关联词语

| 复句类型 | | | | 常用关联词语 |
|---|---|---|---|---|
| 联合复句 | 并列 | 平列 | 合用 | 既……,又……;既……,也……;又……,又……;也……,也……;一边……,一边……;一面……,一面……;一方面……,另一方面…… |
| | | | 单用 | 又;也 |
| | | 对照 | 合用 | 不是……,而是……;是……,而不是…… |
| | | | 单用 | 而是;而不是 |
| | 顺承 | | 合用 | 首先……,然后……;一……,就…… |
| | | | 单用 | 接着/然后;这才;才;便;又;于是 |
| | 解说 | | 单用 | 换句话说;(也)就是说;即 |
| | 选择 | 未定选择 | 合用 | 或者……,或者……;要么……,要么……;不是……,就是……;是……,还是…… |
| | | | 单用 | 或者;要么;还是 |
| | | 已定选择 | 合用 | 与其……,不如/还不如/倒不如……;宁可/宁/宁愿/宁肯……,也不…… |
| | | | 单用 | 还不如;倒不如 |
| | 递进 | 一般递进 | 合用 | 不但/不光/不仅……,而且/还/更/也…… |
| | | | 单用 | 而且;更;更加;甚至;并且 |
| | | 衬托递进 | 合用 | 尚且……,何况……;别说……,连…… |
| | | | 单用 | 何况;尚且 |

续上表

| 复句类型 | | | 常用关联词语 |
|---|---|---|---|
| 偏正复句 | 条件 | 充分条件 合用 | 只要/只需/一旦……，就/便…… |
| | | 充分条件 单用 | 就/便 |
| | | 必要条件 合用 | 只有/除非……，才……；除非……，否则…… |
| | | 必要条件 单用 | 否则；要不然 |
| | | 无条件 合用 | 无论/不管/任凭……，都/总是/还…… |
| | 假设 | 一致 合用 | 如果/若/假使……，那么/就/便…… |
| | | 一致 单用 | 那么/就/便；……的话 |
| | | 相背 合用 | 即使/哪怕/就算/再……，也…… |
| | | 相背 单用 | 也 |
| | 因果 | 说明 合用 | 因为/由于/因……，所以/于是/因此/因而/以致/故……；之所以……，是因为…… |
| | | 说明 单用 | 因为；由于；所以；于是；因此；因而；以致；故 |
| | | 推论 合用 | 既然……，那么/就/可见…… |
| | | 推论 单用 | 可见 |
| | 目的 | 求得 单用 | 以便；以求；借以；为的是；好让 |
| | | 求免 单用 | 以免；免得；省得；以防 |
| | 转折 | 重转 合用 | 虽然/虽是/虽说/虽则/固然……，但是/可是/然而/却…… |
| | | 轻转 单用 | 虽然；但是；可是；然而；却 |
| | | 弱转 单用 | 只不过；只是；不过；倒 |

## 四、词语使用例题分析

1. 下列各句，表达得体的一句是（　　）

A. 真是事出意外！舍弟太过顽皮，碰碎了您家这么贵重的花瓶，敬请原谅，我们一定照价赔偿。

B. 他的书法龙飞凤舞，引来一片赞叹，但落款却出了差错，一时又无法弥补，只好连声道歉："献丑，献丑！"

C. 他是我最信任的朋友，头脑灵活，处事周到，每次我遇到难题写信垂询，都能得到很有启发的回复。

D. 我妻子和郭教授的内人是多年的闺蜜，她俩经常一起逛街、一起旅游，话多得似乎永远都说不完。

【答案】A

【解析】此题主要从词的态度色彩方面设置问题。A项，"舍弟"是谦辞，用于指自己的弟弟，说法得体。B项，"献丑"，谦辞，用于在展示作品或演出时，表示自己的技能很差，是一种谦虚的说法，不适用于"落款却出了差错，一时又无法弥补，只好连声道歉"这个语境。C项，"垂询"，敬语，多用于尊称长辈、上级对自己的行动，用于此处不得体。D项，"内人"用于称自己的妻子。此处是说郭教授的妻子，不得体。

2. 下列各句中，语言表达得体的一句是（　　）

A. 小明同学对老师说："可能是一时疏忽，您的稿子有几个不大通顺的语句，我斗胆做了斧正。"

B. 小明在草拟"失物启事"时写道："昨天我在201教室丢失了一本《现代汉语词典》，如有拾获，请从速交还。"

C. 王老师捧着一幅字凑到李老师跟前："区区草书，不成敬意，请您笑纳。""如此盛情，却之不恭，那我就恭敬不如从命了。"李老师脸上满是笑容。

D. 中央电视台综艺节目主持人说："最后，感谢嘉宾和我们一起度过了这段欢乐的时光，也祝贺他荣幸地加入我们综艺之友俱乐部！"

【答案】C

【解析】A项，"斧正"是用于请人修改自己的文章的敬辞，不能用于自身，也不宜用于学生对老师。B项，"请从速交还"语气过于生硬。D项，"荣幸"是谦辞，不能用于他人。

3. 下面是某校一则启事初稿的片段，其中有五处不合书面语体的要求,请找出并修改。

我校学生宿舍下水道时常堵住。后勤处认真调查了原因,发现管子陈旧,需要换掉。学校打算 7 月 15 日开始施工。施工期间正遇上暑假,为安全起见,请全体学生暑假期间不要在校住宿。望大家配合。

【答案】①"堵住"改为"堵塞";②"管子"改为"管道";③"换掉"改为"更换";④"打算"改为"计划";⑤"正遇上"改为"正值"。

【解析】材料是一则启事,考查点是词的语体色彩,答题时需要关注带有明显口语色彩的词语。如"堵住""管子""换掉""打算"这四个词语都过于口语化,而"正遇上"不够精练文雅,将它们改为恰当的书面语即可。

4. 下面是某杂志社征订启事的片段,其中有五处用语不得体,请找出并修改。

敝刊设有《探索与争鸣》《书刊评介》《动态信息》等独步天下的栏目,内容新颖,报道及时,信息量大,可读性强。现征订在即,希望读者慷慨解囊。订单上务必写明手机号码,以便我们随时垂询。

【答案】①"敝刊"改为"本刊";②"独步天下"改为"特色鲜明";③"慷慨解囊"改为"踊跃订阅";④"务必"改为"敬请";⑤"垂询"改为"咨询"或"回访"。

【解析】①"敝"是谦辞,征订启事中称自己的刊物为"敝刊"不合适;②"独步天下"过于夸张,给读者以浮夸之感;③"慷慨解囊"指毫不吝啬地拿出钱来帮助别人,用于"订刊"不合适;④"务必"语气过于强硬;⑤"垂询"是敬辞,不能用于自己。

5. 请改正以下病句。

在东海舰队组织的此次实战演练中,我军的反水雷舰艇倾巢而出,成功扫除了"敌军"在航道上隐蔽布设的多枚新型水雷。

【答案】将"倾巢而出"改为"集体出动"或"不遗余力"。

【解析】"倾巢而出"比喻全部出动,多含贬义。这里用来形容"我军的反水雷舰艇",在感情色彩上明显失当。

6. 下列各句中，加点的成语使用恰当的一项是（    ）

A. 公司成立这么久，你作为销售顾问却没有什么好的建议和举措，以致公司连续两年销售业绩陷入低谷，说你马齿徒增也不为过。

B. 世界一流的画家都深信总有一股不可抗拒的力量在推动着他们前进，这股力量让他们试图通过一种信笔涂鸦的方式体会灵魂的内涵与价值。

C. 在高三学习经验分享主题班会上，学霸琳琳向同学们介绍了自己在复习应考方面的一得之见，同学们听后表示受益匪浅，对下一阶段的复习充满了信心。

D. 他用一种高山仰止的态度为这位立功、立德、立言三者兼备的完人薛瑄写传记，这是一种客观公正的态度，是一个清醒的读书人该有的态度。

【答案】D

【解析】A项，谦敬错位。"马齿徒增"谦称自己虚度年华，没有成就。B项，谦敬错位。"信笔涂鸦"形容书写拙劣或胡乱写作，常用作自谦之词。不能用于他人。C项，谦敬错位。"一得之见"指一点粗浅的见解。多用作谦辞。该成语不能用于他人。D项，使用恰当。"高尚仰止"比喻对崇高品德的崇敬、仰慕。

7. 下列各句中加点成语的使用，全都不正确的一项是（    ）

①记者发现老百姓最关心的仍然是上学、就业、养老、看病等具体而微的问题，对有些家庭来说，一些问题亟待解决，不容拖延。

②在我们很小的时候，父亲就一直告诫我们，生活中一定要说话算话，做一个一言九鼎的人，否则，就不会得到别人的信任。

③京剧与中医、武术、国画并称为中国"四大国粹"。半个世纪前，那些名角、"头牌"在演出时，往往万人空巷，一票难求。

④不同国度的写书人、译书人和读书人本来形同陌路，因为一场场朗诵会、座谈会、读书会和签售会而聚到一起，丰富了对不同文化的理解。

⑤"烽火连三月，家书抵万金"，能获知离散亲友的一点讯息，对饱受战争之苦的叙利亚百姓来说，也可谓空谷足音。

⑥办刊物难，办文学刊物更难，办文学批评刊物尤其难，许多杂志起起落落，浮浮沉沉，昨日还是大红大紫，转瞬已是明日黄花。

A. ①②④    B. ①③⑤    C. ②⑤⑥    D. ③④⑥

【答案】A

【解析】①望文生义。"具体而微"指内容大体具备而形状或规模较小。该成语不能理解为"具体而微小"。②望文生义。"一言九鼎"形容所说的话分量很重,作用很大。该成语不能理解为"守信用"。③使用正确。"万人空巷"指家家户户的人都从巷子里出来(观看或参加某些大的活动等),多用来形容庆祝、欢迎等盛况。④望文生义。"形同陌路"指彼此像是不相识的人一样。该成语不能理解为"素不相识"。⑤使用正确。"空谷足音"比喻难得的音信、言论或事物。⑥使用正确。"明日黄花"比喻已失去新闻价值的报道或已失去应时作用的事物。

8. 填入下面文段空白处的词语,最恰当的一组是(    )

比尔·布莱森在他的《万物简史》里介绍了超级火山的巨大破坏性。以美国为例,__①__ 境内有一座超级火山喷发,__②__ 其产生的巨大能量将摧毁数千公里范围内的所有东西,无数人会因此丧命,__③__ 会导致整个国家被深达 6~20 米的火山灰覆盖,随后 __④__ 会出现其他许多可怕后果。__⑤__ 目前人类还无法预测美国超级火山会在何时喷发,__⑥__ 了解了它的杀伤力有利于我们制订各种预案。

|   | ① | ② | ③ | ④ | ⑤ | ⑥ |
|---|---|---|---|---|---|---|
| A | 一旦 | 则 | / | 也 | 即使 | 然而 |
| B | 倘若 | 那么 | 进而 | / | 由于 | 所以 |
| C | 假如 | 则 | 甚至 | 更 | / | 那么 |
| D | 只要 | / | 而且 | 还 | 虽然 | 但 |

【答案】D

【解析】解答此题,要分析句间的关系和前后关联词的搭配,可使用排除法。③处,前文"无数人会因此丧命"与后文"会导致整个国家"之间是递进关系,且并不存在先后关系,"进而"意为"在已有的基础上进一步",用在此处不合适,故可排除 A、B 两项。④处,紧承上文说还会出现许多后果,填"还"较合适。将 D 项代入语段,语意贯通。

9. 填入下面文段空白处的词语,衔接最恰当的一组是(    )

朋友居"五伦"之末,__①__ 朋友是极重要的一伦。所谓友谊,实即人与人之间的一种良好的关系。__②__ 以友谊做基础,__③__ 其他关系如父子、夫妇、兄弟之类均可圆满地建立起来。当然,父子、兄弟是无可选择的关系，夫妇__④__有选择余地，但一经结合便以不再仳离为原则，__⑤__朋友则是有聚有散、可合可分的。__⑥__，说穿了，父子、夫妇、兄弟都是朋友关系，不过形式性质稍有不同罢了。严格地讲，一个充分具备好朋友品质的人，他/她一定也是一个好父亲、好儿子、好丈夫、好兄弟、好妻子。

|   | ① | ② | ③ | ④ | ⑤ | ⑥ |
|---|---|---|---|---|---|---|
| A | 实际 | 只要 | / | 固然 | 但 | 因此 |
| B | 其实 | 如果 | 则 | / | 而 | 不过 |
| C | 但是 | 只有 | 所谓 | 虽 | / | 当然 |
| D | 然而 | / | 那么 | 可能 | 不过 | 然而 |

【答案】B

【解析】解答本题要认真理解文意，一定要把握句子前后的关系，准确根据文意判定词语的使用。①后陈述朋友的重要性，所以不能用转折性词语；②③所在分句为假设关系，所以用"如果""则"。故选B。

# 第五章　现代汉语与中学语文朗读教学

## 第一节　中学语文朗读教学要求

### 一、中学语文对朗读的要求

#### （一）课程目标与内容

《义务教育语文课程标准（2011年版）》分学段对朗读提出了具体要求。为了体现知识的体系性和教学的连续性，在这里同时介绍小学阶段的要求。

《义务教育语文课程标准（2011年版）》"学段目标与内容"中对朗读的要求具体为：第一学段（1～2年级）是学习用普通话正确、流利、有感情地朗读课文。第二学段（3～4年级）是用普通话正确、流利、有感情地朗读课文。第三学段（5～6年级）是能用普通话正确、流利、有感情地朗读课文。第四学段（7～9年级）是能用普通话正确、流利、有感情地朗读。

《义务教育语文课程标准（2011年版）解读》[①]对朗读具体进行了阐释，指出"各个学段关于朗读的目标要求的核心都是'正确、流利、有感情'。所谓'正确'，是要求朗读时用普通话读准每个字的字音，吐字清楚，声调响亮，尽可能没有错字、别字、添字、漏字，不重复，不唱读；所谓'流利'，是要求朗读时语气比较连贯，能读出句逗和段落之间的停顿，节奏自然，速度适当；所谓'有感情'，是要求朗读时通过轻重、抑扬、停顿等变化，把所阅读文本的感情传达出来，能读出陈述、感

---

[①] 教育部基础教育课程教材专家工作委员会：《义务教育语文课程标准（2011年版）解读》，高等教育出版社2019年版，第139－140页。

叹、疑问等不同语气，同时有主体的感情参与其中。以上三个要求不能分割，而是一体化的；当然，相对而言，用普通话'正确'朗读是一种基础要求，而'流利'和'有感情'则是进一步的要求"。

该解读在阐释不同学段的不同要求时指出，"粗略地看，四个学段的朗读目标十分相似，但仔细推敲起来，要求是有差别的。第一学段只提'学习用'，是初步尝试学习用普通话朗读，强调的是老师的指导、示范，重视学习朗读的过程，这显然是起步阶段的要求；第二学段是'用'，强调的是使用普通话进行朗读的实践过程，里面已经含有培养相关习惯的意思；第三学段是'能用'，强调能力的达成度，要求基本达到用普通话正确、流利、有感情地朗读课文的水平"。从朗读的材料来看，目标之间也有差异："前三个学段朗读的文本限于语文教材中的课文，这些课文往往都是在老师指导下精读的材料，朗读的练习机会自然多，目标要求也容易达到；第四学段打破了这个规限，扩大到课文以外的其他阅读材料，文本类型和内容、表达、语言都更复杂了，对朗读水平的要求自然也相应提高了。"

《普通高中语文课程标准（2017年版2020年修订）》没有对朗读提出具体要求，对此，《〈普通高中语文课程标准（2017年版2020年修订）〉解读》[①] 做了解释："新版必修课程目标删减了部分在义务教育阶段就应该完成的课程目标。例如，旧版目标'阅读与鉴赏'中的第5条'能用普通话流畅地朗读，恰当地表达文本的思想感情和自己的阅读感受'，在新版必修课程目标中就没再出现。"

## （二）教学建议

《义务教育语文课程标准（2011年版）》对朗读的教学建议是：各个学段的阅读教学都要重视朗读和默读。各学段关于朗读的目标中都要求"有感情地朗读"，这是指，要让学生在朗读中通过品味语言，体会作者及其作品中的情感态度，学习用恰当的语气、语调朗读，表现自己对作者及其作品情感态度的理解。朗读要提倡自然，摒弃矫情做作的腔调。

《义务教育语文课程标准（2011年版）解读》首先对朗读和默读的关系进行了说明，指出："朗读与默读，是阅读能力发展过程中的两个重

---

[①] 《普通高中语文课程标准（2017年版2020年修订）》修订组：《〈普通高中语文课程标准（2017年版2020年修订）〉解读》，高等教育出版社2021年版，第80页。

要方面。就二者关系而言,朗读是默读的准备条件,默读是阅读的更高阶段。因为默读更有利于学生沉潜文本,加深理解;应用范围比朗读更广,因而也更重视阅读的速度和效率。"接着,该解读指出了加强朗读教学的原因及注意事项,加强朗读教学是"因为朗读是最常用的阅读方法、最基本的技能;另一方面,也是针对一个时期以来语文教学忽视朗读,课堂上只听见老师的烦琐分析讲解,学生缺少朗读实践机会的现象而提出的"。应该注意的是,"学生沉下心来认真读书,尤其是静思默想的机会少了,这样,阅读教学重视体验和品味的要求就难以得到落实,而众所周知,文本阅读是有多种方法途径的,比如默读就十分有利于学生的体验和品味"。提出朗读与默读要根据需要参酌用之,有时要"书声琅琅",有时却要"鸦雀无声",应该根据学习的需要,做到二者相辅相成,相得益彰。

## (三) 评价建议

《义务教育语文课程标准(2011年版)》评价建议指出,"能用普通话正确、流利、有感情地朗读课文,是朗读评价的总要求。根据阶段目标,各学段的要求可以有所侧重。评价学生的朗读,可从语音、语调和语气等方面进行综合考查,评价'有感情地朗读',要以对内容的理解与把握为基础,要防止矫情做作"。

《义务教育语文课程标准(2011年版)解读》首先解释了评价建议的原因,"是针对以往朗读教学所存在的问题而提出来的,旨在让教师弄明白'有感情地朗读课文'的目的和意义,从而在教学中能够对其进行科学而有效的指导"。这说明以往的朗读教学忽视了朗读的本源,即对文本的理解与把握。在朗读评价中,强调落实两个要点:一是分阶段制定不同要求,即"第一学段是'学习用',第二学段是'用',第三学段是'能用',要求逐步提高,评价时要把握好度";二是强调了文本作为朗读的本源作用,指出朗读中的感情来自对文本的理解,不能脱离文本内容,为朗读而朗读,防止出现"让学生过分摇头晃脑、夸张表演、矫情做作的不良风气"。为了防止朗读时矫情做作现象的发生,在尊重文本的基础上,该解读提出了朗读的自然性,即朗读要"还原人物话语里的情态,入乎文、入乎心、入乎情;就是娓娓道来,不拿腔拿调,不矫情做作。朗读,就是要像说话一样自然而然"。

## （四）特级教师钱正权评潘文彬《钱学森》课堂实录

潘文彬老师在导入新课和识字写字教学后，要求学生根据理解和意愿，自由选择朗读课文的一个自然段，并对学生的朗读进行了综合评价。钱正权主要从朗读的重要性角度进行了评价，指出："课文确须好好读。学生在反复朗读中读熟了，读出了语感，这比什么都重要。它能反映出学生理解的深度和广度。文字毕竟只是些平面的静止的符号，绘就的映像'活'不起来。朗读是学生用声音触摸文字，直接感受文字中的生命气息。现在大多语文课，学生读得还是太少，这是个缺陷。"

## 二、中学语文对诵读的要求

### （一）课程目标与内容

《义务教育语文课程标准（2011年版）》还特意提出了对诵读的要求，第一学段是："诵读儿歌、儿童诗和浅近的古诗，展开想象，获得初步的情感体验，感受语言的优美。"第二学段的要求是："诵读优秀诗文，注意在诵读过程中体验情感，展开想象，领悟诗文大意。"第三学段的要求是："诵读优秀诗文，注意通过语调、韵律、节奏等体味作品的内容和情感。"第四学段的要求是："诵读古代诗词。"

《义务教育语文课程标准（2011年版）解读》从诵读的材料和诵读的实施要求两个方面，对诵读要求做了进一步阐释。从诵读的材料来看，"第一学段以儿歌、儿童诗和浅近的古诗为宜，因为这些材料篇幅短小，有节奏、韵律感，朗朗上口，故宜于低年级儿童诵读。到第二、第三学段，则以一般诗文为诵读材料，其阅读范围和诵读难度都有增加。第四学段将古代诗词专提出来，文言文则另提要求"。从诵读的实施要求来看，"第一、第二学段侧重引导学生在诵读中以体验情感和想象情境的心理活动为通道，达到感受语言、领悟大意的目的；第三学段强调能够通过语调、韵律、节奏等形式要素去体味作品的内容和情感，运用诵读方法阅读理解作品的自觉程度逐渐增强，诵读要求也更趋细化；而第四学段的诵读应该是综合以上各种要素的实践活动了"。"积累背诵和课外阅读目标"部分进一步阐释了诵读的目的，即"从根本上说是为了强化和延长对文本情感体验的过程"；说明了诵读与背诵的关系，"诵读是积累的好方法，一旦做到心、口相应，背诵自然水到渠成"；同时指出，"为了积累，培养起良好语感，就得提倡适当的背诵功夫"。

《普通高中语文课程标准（2017年版2020年修订）》是以学习任务群的方式呈现课程内容的，在"学习任务群8　中华传统文化经典研习"的教学提示中，指出要"重视诵读在培养学生语感、增进文本理解中的作用，引导学生积累古代作品的阅读经验"。在"学习任务群9　中国革命传统作品研习"的学习目标与内容中，要求"诵读革命先辈的名篇诗作，体会崇高的革命情怀"。

### （二）教学建议

《义务教育语文课程标准（2011年版）》从诵读的作用的角度提出了教学建议，指出"有些诗文应要求学生诵读，以利于丰富积累，增强体验，培养语感"。

《义务教育语文课程标准（2011年版）解读》主要从诵读、朗读与朗诵的区别的角度进一步进行了阐释，指出"诵读是反复吟读，自然成诵，尤其适宜于抒情诗文、文言文等声情并茂的作品。诵读比朗读更有助于从作品的声律气韵入手，体会其丰富的内涵和情感，又不像朗诵具有表演性，这一方法有助于积累素材、培养语感、体验品味、情感投入，达到语文熏陶感染、潜移默化的目的"。然后引用了曾国藩关于读书之法的一句话——"非高声朗读则不能展其雄伟之概，非密咏恬吟则不能探其深远之韵"，并指出，"诵读与朗读各有其长，'密咏恬吟'其实就是诵读，运用这种读书方法，确实有利于学生沉潜含玩，悉心体察诗文深远的内在韵味"。

### （三）评价建议

《义务教育语文课程标准（2011年版）解读》一方面指出，诵读的评价应体现诵读的目的，"重在提高学生的诵读兴趣，增加积累，发展语感，加深体验和领悟"，另一方面，要与学生的心理、认知与语文发展相适应，体现发展性，"在不同学段，可在诵读材料的内容、范围、数量、篇幅、类型等方面逐渐增加难度"。

《义务教育语文课程标准（2011年版）解读》通过具体例文解释了难度的递增性，指出"关于诵读诗文怎样渐次增加难度，这可以参见课程标准附录的《优秀诗文背诵推荐篇目》中所推荐的各年级诵读诗文篇目"。

## 三、中学语文对朗诵的要求

《普通高中语文课程标准（2017年版2020年修订）》在"学习任务群2　当代文化参与"教学提示中指出"开展各类语文学习活动，如诗歌朗诵等"；在"学习任务群5　文学阅读与写作"教学提示中提出"鼓励学生自主组织举办诗歌朗诵会"；在"必修课程学习要求"中提出，"朗诵文学作品，能准确把握作品内容，传达作品的思想内涵和感情倾向，具有一定的感染力"。

## 四、对中学语文"三读"要求的理解

目前，学者们对朗读、诵读和朗诵的理解不同。在这里，我们主要对《义务教育语文课程标准（2011年版）》《义务教育语文课程标准（2011年版）解读》和温儒敏主编的中小学语文教材涉及的相关内容进行归纳，以期对教师教学具有实际的指导意义。在归纳时，我们主要从对象、材料、目的、教学建议和评价建议等角度对它们进行区分。

第一，从概念相关性与概念层次来分析，朗读是默读的准备条件，朗诵比朗读更具有表演性，诵读比朗读更具有体验性。《义务教育语文课程标准（2011年版）解读》首先从阅读能力的角度阐述了朗读与默读的区别，指出"朗读与默读，是阅读能力发展过程中的两个重要方面。就二者关系而言，朗读是默读的准备条件，默读是阅读的更高阶段。因为默读更有利于学生沉潜文本，加深理解；应用范围比朗读更广，因而也更重视阅读的速度和效率"。接着，在解读诵读的教学建议时指出，"诵读是反复吟读，自然成诵，尤其适宜于抒情诗文、文言文等声情并茂的作品。诵读比朗读更有助于从作品的声律气韵入手，体会其丰富的内涵和情感，又不像朗诵具有表演性，这一方法有助于积累素材、培养语感、体验品味、情感投入，达到语文熏陶感染、潜移默化的目的"。从能力层次的角度来讲，朗读最低，诵读次之，朗诵最高，这也体现在课程标准要求和教材出现的顺序上，《义务教育语文课程标准（2011年版）》没有而《普通高中语文课程标准（2017年版2020年修订）》有提及朗诵；在教材方面，八年级下"古诗苑漫步"开始对朗诵提出要求。

第二，从目的性角度来讲，朗读是"针对一个时期以来语文教学忽视朗读，课堂上只听见老师的烦琐分析讲解，学生缺少朗读实践机会的现象而提出的"，目的是恢复语文课堂本应有的"书声琅琅"；诵读是从我国传统语文教育方法传承的角度提出的，目的是发挥语文的"熏陶感染、潜移默化"的作用；朗诵是从语文学习活动开展的角度提出的，目的是引导学生积极参与语文实践活动。

第三，从文本材料的角度来讲，朗读适用于所有文本，诵读主要适用于优秀诗文、古代诗词和中国革命传统作品，朗诵主要适用于文学作品，尤其是诗歌。对于朗读，《义务教育语文课程标准（2011年版）》提出小学阶段主要朗读课文，初中阶段不再有限制；诵读的文本材料，不同学段要求不同，体现了层次性。《义务教育语文课程标准（2011年版）》虽然提出了诵读适用于优秀诗文，但从教材的角度来讲，主要是古代诗词，如部编本初中语文七年级上《古代诗歌四首》第一题："反复诵读《观沧海》，体会这首四言古诗质朴刚健、音调铿锵的特点，想象诗人登山临海的情景，说说你产生了怎样的感觉。"

第四，从能力养成策略的角度来讲，《义务教育语文课程标准（2011年版）》和《义务教育语文课程标准（2011年版）解读》并没有对朗读提出具体的指导，但语文教材给出了方向——要掌握基调、重音、停连、节奏和语气等，如部编本初中语文七年级上《春》课后练习五提到了朗读策略："朗读并背诵全文。找出你喜欢的段落，标出语句中的重音和停连，在小组里朗读，互相评价。"并在注释中解释了"重音"和"停连"的意思，指出重音是"朗读时，为适应传情达意的需要，对语句中的某些词或短语以重读的形式加以强调"，停连指"朗读语流中声音的中断和延续。声音的中断即停顿，声音的延续即连接。无论停还是连，都要与文章思想感情发展变化的要求相适应，不是任意的"。《济南的冬天》的课后练习要求学生标出课文第3段的重音和停连。《散步》的课后练习要求学生探究《散步》与《秋天的怀念》感情基调的不同，并试着通过朗读准确传达作者的情感。对于诵读，《义务教育语文课程标准（2011年版）解读》提出了体验性、情境性、形式性和反复性四个策略。所谓的体验性，是指体验情感，要善于通过对文章词语、句子和结构等的分析，体验文章的情感，丰富个人的生活阅历和了解他人的生活，这也是阅读的主要目的之一。所谓情境性，是指分析文章发生的具体人物、时间、地点、场合和目的等，既要有身临其境的感觉，更要有"我"是其人的意识，从而为批判性思维奠定基础。所谓形式性，是指学会分析古诗词的语调、韵律和节奏等，并能通过声音正确体味作品的内容和情感。所谓反复性，是指综合运用情感性、情境性和形式性，在反复诵读中实现文气与心灵的统一。对于朗诵,《义务教育语文课程标准(2011年版)》和《义务教育语文课程标准(2011年版)解读》没有提及,但语文教材提出了要求。如部编本九年级语文上第一单元的活动·探究任务二:"一、以小组为单位完成下列任务。1. 每位同学课外查找一些诗集,如《毛泽东诗词中小学生选读本》《新诗三百首》等,选出几首你最喜欢的诗,说说推荐的理由。2. 小组内每人自选一首诗,先进行朗诵准备,标出重音、停连、节奏,注明语气、语调、语速等。3. 组内朗诵,互相评价、交流;然后再朗诵,看看水平是否有所提高。4. 在小组朗诵的基础上,确定朗诵篇目、朗诵形式(如独诵、双人朗诵、齐声合诵或多人轮诵,也可以配乐、配视频朗诵),推选参赛选手,进行排练。二、举办班级朗诵比赛。1. 做好赛前准备工作:(1)制作节目单;(2)推举评委,制订评分细则;(3)推举主持人,准备简单的串词;(4)确定奖励方案,准备小奖品。2. 朗诵比赛。朗诵者应注意表情、语气、动作等;评委应把握评分标准,做到客观、公平;观众应集中注意力,认真倾听,适时给予掌声鼓励。"从以上可以看出,朗诵除了要掌握朗读需要的重音、停连、节奏、语气、语调和语速等,还要掌握表情和动作,学会双人朗诵、齐声合诵或多人朗诵以及配乐、配视频朗诵等。

## 第二节 中学语文朗读教学必备知识

### 一、基本概念

#### 1. 朗读

从词源学的角度来讲,汉朝许慎认为"朗",明也,"读",诵书也。而"诵"与"讽"同义,义为"不开读也",也就是不看书直接把文章背诵出来。但是清代段玉裁认为,"诵"本为"籀",意思为"抽也,抽绎其义蕴至于无穷,是之谓读",今人黄仲苏指出:"徐楷曰:'读犹渎也,若四渎之引水也。'是吾人之于书,应精思熟读,琅然吟诵,若水到渠成,或河流滔滔之就下也。"《现代汉语词典(第7版)》指出,朗读是"清晰响亮地把文章念出来"。现代学者并不仅仅把朗读看作一种阅读方法,而且看作一种艺术形式,认为朗读是运用普通话有感情、有技巧地把书面(文字、文章、文学作品)作品转化为有声语言的一种创造性艺术活动。

2. 诵读

诵读是在反复吟读的过程中突出体验性、情境性和形式性而自然成诵，实现自我熏陶感染和潜移默化的一种阅读方式，尤其适宜于抒情诗文、文言文等声情并茂的作品。

3. 朗诵

朗诵是运用普通话、面部表情和身体动作有感情、有技巧地把书面作品转化为有声语言的一种创造性表演活动。

## 二、基本要求

这里主要从学术的角度讲述朗读的基本要求，而不仅仅是《义务教育语文课程标准（2011年版）》的要求。

1. 要用规范的普通话朗读

读音要准确，吐字要清晰，归音要到位，声音要洪亮。一些人主张在读古文时要用古音去读，尤其是读古诗，这样才能押韵。其实并没有必要这样做，因为古音也不是一致的，并且不是一成不变的，而是有变化的，那么我们如果按照古音去读，到底是按什么时候的古音呢？如"家"这个字，在公元前的一段时期里它读/kɔ/，在公元500年它读作/ka/，在17世纪它读/kia/，现在普通话念/tɕia/。[①]

2. 要正确理解作品的思想内容

理解作品的思想内容，即理解作品的写作背景、文章结构、内容详略和人物形象等，在理解作品思想内容的基础上，确立朗读的感情基调。在西方，更加注重对文本的分析，技巧的应用是建立在对文本的分析和理解的基础上的。

3. 掌握朗读所需要的表达技巧

朗读的表达技巧包括语调、重音、速度和停顿，即朗读的四要素。

4. 以情带声地朗读

感情是朗读的生命，在朗读时心中要有意境意象，并将这种意境意象有感情地、自然地表达出来。

---

① ［瑞典］高本汉：《汉语的本质和历史》，商务印书馆2010年版，第23页。

## 三、基本过程

第一步,读准字音、扫清障碍。汉字有读音、语音(口语音)、异读词、多音多义词的区别,比较复杂,一些姓名、古代国名、地名等专有名词常常有特别的念法,一不注意就难免出错,造成笑话。读准字音,有助于提高朗读的准确性、庄重性、流畅度。

读准字音的方法可以说再简单不过了,那就是遇到不认识或者有疑问的字词时马上查字典、词典,不要存侥幸心理。但即使是十分简单的一步,很多人也经常忽略。

第二步,明确文章的立意。朗读是运用有声语言把作者的思想感情传达给听众。理解作品应该是朗读创作的第一步,其次才是寻求适当的表达方法。只有先理解作品,表达才有坚实可靠的基础;只有先透彻地理解作品的内容,才谈得上正确而到位的表达。理解作品时,什么是最主要的工作呢?当然是明了作者为什么要写这篇文章,也就是说,要明确文章的立意所在。

第三步,理清文章的结构。朗读时如何做到言之有序呢?那就要理清结构。文章结构的基础是思想发展的过程,是一连串思想发展留下的轨迹。以一篇议论文为例,文章的结构完成于作者提出问题、分析问题、解决问题的过程之中。这一过程是有层次、有步骤地进行的,它与作者的思想认识过程是一致的。所以,朗读时理清结构就是要从稿件中理出作者思想律动的红线,把握了这根红线,也就抓住了作者思想感情运动的线索和轨迹。

第四步,把握文章的基调。基调,指作品的基本情调,即作品的总的态度感情、总的色彩和分量。每一篇作品的基调是一种整体感,是部分、层次、段落、语句中具体思想感情的综合表露,即具体感的总和。把握基调,就是要把握总的方面,特别是在色彩纷繁的情况下,不要被枝节和次要色彩所迷惑。如《卖火柴的小女孩》里,虽然有幻觉中的温暖、短暂的喜悦,但总的基调是亲切爱怜、压抑愤懑。《一件小事》中对所谓国家大事、子曰诗云的憎恶,与深情赞扬、热诚自励的总基调不一致。

第五步,标出文章的重音等。标出文章的重音等,是指根据对文章的理解,标出文章的重音、停连、语速和语气等。首先要明确的是,对文章的理解是基础,在没有全面深入理解文章的情况下,对文章重音等进行标注往往是不准确的。其次,重音等的标注要服务于文章内容和情感的表达，切忌脱离文章内容和情感。再次，重音等的标注是要在实际朗读中发挥提醒作用，在开始时，可能会有点生硬，或者达不到理想的效果，这是正常现象，只要反复实践，效果就会越来越好。最后，不要跟着感觉进行朗读，认为没必要对文章进行重音等的标注，这既不利于朗读技能的提高，也不利于对文章的再创造。

  第六步，反复练习。掌握了朗读的相关知识，并不代表就可以出色地朗读，因此，要不断揣摩，反复训练，在实践中可能会发现有的标注或理解不准确，这时要及时进行调整，从而做到准确、流利且有感情地朗读课文。只要掌握了一定的技巧，反复训练，朗读技能就可以不断地提高。

## 四、基本技巧

### （一）重音

  重音是指朗诵、说话时根据语句目的和感情需要，对句子里某些词语念得比较重，一般用增加声音的强度来体现。

  重音主要分为词重音、语法重音、强调重音和感情重音四种。词重音是由构词规律决定的固定的轻重音格式，如偏正词语的重音一般在中心语素上。语法重音是指在不表示什么特殊的思想和感情的情况下，根据语法结构的特点，把句子的某些部分重读。语法重音的位置比较固定，如一般短句子里，常重读谓语部分，但当主语是指示代词或疑问代词时，重读主语。强调重音是为了表达某种特殊的感情和强调某种特殊意义（显示夸张、比喻、照应、对比等）而故意说得重一些的音，目的在于引起听者注意朗读者所要强调的某个部分。语句在什么地方该用强调重音并没有固定的规律，而是受说话的环境、内容和感情支配的。同一句话，强调重音不同，表达的意思也往往不同。感情重音借助语音的强弱来表达爱憎喜恶等各种感情。人们对客观事物的兴奋、憎恨、忧虑等情感通过重音来流露，多数在语句上，甚至在一段话上，如"是你把先生害了，是你，是你，一百个是你"。

  一般从三个方面考虑怎样确定重音：一是突出语句目的的中心词；二是体现逻辑关系的对应词；三是点染感情色彩的关键词。

  表现重音的方法有快慢法、强弱法、虚实法三种，即通过语音的快慢、强弱、虚实对比的方法来体现出重音。快、强、实与慢、弱、虚相比，就显得重。

## （二）语速

语速是指朗读的速度。语速的快慢是由内容表达的需要决定的，它直接影响表达的效果。语速太快，会对听者的大脑皮层造成不间断的刺激，导致大脑皮层由兴奋转向抑制；语速太慢，则会造成大脑思维状态疲软，导致听者注意力分散。只有快慢适度才能表达出作者在文章中所要表达的思想感情。

快速：在紧张、急速变化发展的场面，表达紧张、焦急、热切、惊惧、欢畅的心情，以及体现人物的机警、活泼时用较快的语速。

慢速：针对需要注意理解的语句，表达沉重、缅怀和悼念的心情等时用较慢的语速。

中速：在一般的记叙、说明、议论、交代、过渡，以及感情没有什么大的突出变化的地方用中等速度，即说话的一般速度。

一般来说，语速受以下三方面因素的制约：一是听众的年龄、知识结构、心理因素和生理因素。二是作品的思想内容。通俗易懂的宜快，难涩深奥的宜慢；描写叙述的宜快，哲理论说的宜慢；描述环境时可轻快一些，叙述紧张情节时可急迫一些。有时为了调动听者的想象力，语流可作短时中断，留下空白，会收到"此时无声胜有声"的表达效果。三是环境因素。不同的空间距离，不同的会场气氛，不同的听者情绪，对语速都有不同的要求。

## （三）停顿

停顿是指朗读语流中声音的中断。停顿分为语法停顿、强调停顿和感情停顿。语法停顿是指句子中一般的间歇，反映句子的结构关系。朗读时常依据标点符号的要求来停顿。一般情况下，语法停顿的长短可这样区分：句号、问号、叹号＞分号、冒号＞逗号＞顿号。冒号的停顿可长可短。比如，这个故事告诉我们：存心要干凶恶残酷的坏事情，那是很容易找到借口的。这里的冒号停顿要长，起到提醒读者注意的作用，因为这是对寓言故事的总结。强调停顿，又叫逻辑停顿，指句子中特殊的间隔。或为了强调某一事物，突出某个语意或某种感情；或为了加强语气，而在不是语法停顿的地方故作朗读停顿；或在语法停顿的基础上变动停顿时间，给听者以思考的余地，便于听者理解、接受，从而增强朗读的语言效果。感情停顿指因感情抒发的需要而设计的停顿。

但张颂认为：传统划分很难运用到实践中去，因为"就整体说，任何一篇作品也不可能是'鼎足三分'的局面。换句话说，作品的内容、结构、语言等形之于声，是传情达意、明志省人的过程，是一种综合性的思想感情的表露，而不是语法学、逻辑学、心理学的分项研究，也不是对文字作品分别进行语法关系、逻辑关系、心理变化的剖析"①。

为此，张颂提出，停顿应根据作品的内容、脉络和听者心理来决定，具体来讲，包括区分性停顿、呼应性停顿、并列性停顿、分合性停顿、强调性停顿、判断性停顿、转换性停顿、生理性停顿、回味性停顿和灵活性停顿十类。区分性停顿是指为使句意不产生歧义，在词与短语间安排的停顿。呼应性停顿是强调语句内在联系的停顿，有逐层停顿呼应，即大呼应套小呼应，也有一呼几应、几呼一应等情况。并列性停顿指几个句子中并列的词语间的对应停顿。强调性停顿指为突出某个词而在这个词的前后所作的适当停顿。转换性停顿是在表情达意的转折处安排较长的停顿。生理性停顿是为了表达某种因生理变化而产生的停顿，包括特定的语噎、哽咽，生命垂危时的叮咛，气喘吁吁地讲话，以及口吃等生理状态形成的停顿。回味性停顿是在那些需要展开想象或进行思辨、回味的词语后进行较长的停顿。具体例句可参见张颂的《朗读学》。

## （四）语气

语气，是用不同的声音和气息表达不同的语意和感情的技巧，即"声气传情"的技巧。音随意转，气随情动，因情用气，以情带声；不但以气托声，而且以声、气传情。

在朗读中，总的色彩体现在基调中，具体的色彩体现在语气中。常见的语气色彩如下。

"爱"的语气一般是"气徐声柔"的，给人以温和感。发音器官宽松，用声自如，气息深长，出语轻软。例如：

我的男朋友可知道疼我了。

"恨"的语气一般是"气足声硬"的。发音器官紧，气猛而多阻塞，似忍无可忍，咬牙切齿，给人以挤压感。例如：

---

① 张颂：《朗读学》，中国传媒大学出版社2015年版，第122页。

我恨死你了,我不想再见到你了,你滚!

"悲"的语气一般是"气沉声缓"的。发音器官欲紧又松,气息于先,出声于后。郁闷沉静,欲言又止,给人以迟滞感。例如:

在这个翠柏凝春、天人同悲的日子里,我们怀着无比沉痛的心情来到这里,送别我们的一位挚友、一位朝夕相处的同事、一位英年早逝的教育界的精英××同志。此时此刻,亲人掩面,朋友伤怀,同事哽咽。

"喜"的语气一般是"气满声高"的。发音器官松弛。似千里轻舟,气息顺畅,激情洋溢,给人以兴奋感。

"欲"的语气一般是"气多声放"的。发音器官积极敞开,气息力求顺达,似不竭之江流,给人以伸张感。

"惧"的语气一般是"气提声凝"的。发音器官迟钝,气息似积存于胸,出气强弱不匀。像冰封,出语不顺;像倒流,给人以衰竭感。

"急"的语气一般是"气短声促"的。吐字弹射有力,气息急迫如穿梭,出语间隙停顿短暂,给人以催逼感。

"冷"的语气一般是"气少声单"的。发音器官松弛,气息微弱,给人以冷寂感。

"怒"的语气一般是"气粗声重"的。发音器官力度加大,气息纵放不收,语势迅猛不可遏制,给人以震动感。

"疑"的语气一般是"气细声黏"的。发音器官欲松还紧,气息欲连还断,吐字夸张,给人以踌躇感。

## 五、朗诵评分标准[①]

### (一) 语言状况和声音条件,共30分

(1) 吐字清晰、归音到位、韵律和谐,20分。
标准和要求:声韵调均符合普通话规范,遵循诗词格律要求。
测查点:一是普通话声韵调、连读音变(轻声、儿化、变调和"啊"

---

[①] 江苏省朗诵艺术水平等级考试专家委员会编:《朗诵艺术水平等级考试手册》,江苏人民出版社2013年版,第24—25页。

的音变）发音的标准度；二是吐字归音的清晰度，是否清晰、准确；三是诗词朗诵要求合辙押韵。

（2）音高适宜、音量适度、音色优美，10分。

测查点：一是声音的变化幅度，具有足够的表现能力；二是声音的响度，能根据客观环境和朗诵材料的文意变化对音量予以控制；三是声音具有美感，能科学地用气和发声。

## （二）表达能力，共50分

（1）作品的理解，20分。

标准和要求：充分而到位。

测查点：一是敏锐的感悟力，对作品有深刻的理解、真挚的感受和丰富的想象；二是突出的表现力，能准确、鲜明、生动地表达出作品的思想、感情、逻辑、形象乃至风格意境，能做到诵之有意、诵之有情、诵之有序、诵之有物、诵之有味。

（2）语言的表达，20分。

标准和要求：恰当而鲜明

测查点：一是朗诵的基调，即对感情态度的色彩和分寸的把握；二是语调抑扬顿挫，对轻重缓急的把握。

（3）形象的表现，10分。

标准和要求：自然而得体

测查点：一是面部表情、目光语和手势语，要求能通过神态动作辅助有声语言的表达；二是优美的台风。

## （三）艺术效果，共20分

（1）艺术感染力，15分。

标准和要求：强烈而明显。

测查点：在进行朗诵艺术创作时的整体状态，以及给人听觉和心灵上的审美震撼力。

（2）个性化处理，5分。

标准和要求：独特而合理。

测查点：一是对规定作品重点、难点等特殊考查点的处理；二是应试人在朗诵过程中有合理的创造性处理方式。

## 第三节　中学语文朗读教学案例分析

【案例一】

沁园春·雪
毛泽东

北国风光，
千里冰封，
万里雪飘。
望长城内外，
惟余莽莽；
大河上下，
顿失滔滔。
山舞银蛇，
原驰蜡象，
欲与天公试比高。
须晴日，
看红装素裹，
分外妖娆。

江山如此多娇，
引无数英雄竞折腰。
惜秦皇汉武，
略输文采；
唐宗宋祖，
稍逊风骚。
一代天骄，
成吉思汗，
只识弯弓射大雕。
俱往矣，

数风流人物，
　　还看今朝。

**【《沁园春·雪》朗诵指导①】**

　　本词写于 1936 年 2 月，当时的形势是日本帝国主义在侵占我国东北等大好河山后，进一步要变整个中国为它的殖民地。针对这一危险局势，毛泽东同志向全国人民庄严宣告："我们的任务，是变中国为独立、自由和领土完整的国家。"《沁园春·雪》以优美动人的咏物抒怀，展示了革命领袖的远见卓识和豪迈气概，反映了对民族斗争形势和前途的革命信念，并给人以美的艺术享受和精神鼓舞。整首词笔力雄健，情绪豪放。在赞美祖国河山时，挥洒自如，使纵横千里的胜景尽收眼底，一览无余；评论历史人物和数千年帝业，功过分明，公允得当。结尾处，以雄视百代的气势，阐明历史规律，点出无产阶级历史使命的任重道远，给人以无穷的鞭策和激励。

　　此诗气势豪迈，读的时候要雄壮有力、气势恢宏，但是切忌一味地扯着嗓子喊，要注意虚实的结合与节奏的把握。

　　"千里冰封，万里雪飘"，靠喊是喊不出"千里"和"万里"的感觉的，要注意情感的把握和气息的运用。

　　"望长城内外"中的"望"，在朗读时要注意"望"的感觉，把自己放在情景之中而不是"模型"面前。

　　"欲与天公试比高"，朗读时一定要雄壮有力，气势豪迈，读出骨子里的自信和豪气。

　　"惜秦皇汉武，略输文采；唐宗宋祖，稍逊风骚。一代天骄，成吉思汗，只识弯弓射大雕"，情感要稍弱，但是更要突出不屑一顾的心态。

　　"俱往矣，数风流人物，还看今朝"中的"俱往矣"和"今朝"，前者要撑起来，后者则要扬读快收。

---

① 江苏省朗诵艺术水平等级考试专家委员会编：《朗诵艺术水平等级考试指定篇目（九级～十级）》，江苏人民出版社 2013 年版，第 143－144 页。

**【案例二】**

## 再别康桥

徐志摩

轻轻的/我走了,
正如/我轻轻的来;
我/轻轻的招手,
作别西天的云彩。

那河畔的金柳,
是夕阳中的新娘;
波光里的艳影,
在我的心头▲荡漾。

软泥上的青荇,
油油的在水底招摇;
在康河的柔波里,
我甘心做一条水草!
那榆荫下的一潭,
不是清泉,是天上▲虹;
揉碎在浮藻间,
沉淀着/彩虹似的/▲梦。

寻梦?撑一支长篙,
向青草更青处漫溯;
满载一船星辉,
在星辉斑斓里▲放歌。

但▲我不能放歌,
悄悄是别离的笙箫;
夏虫也为我▲沉默,
沉默是今晚的康桥!

悄悄的/我走了,
正如/我悄悄的来;
我/挥一挥衣袖,
不带走/一片/云彩。

【《再别康桥》朗诵指导①】

徐志摩此次来剑桥,是为了寻梦吗?是的,他在1928年9月给英国友人恩厚之的信中说:"我这次故地重游,是带着再寻旧欢的痴想的。"诗人轻轻地走、轻轻地来,悄悄地走、悄悄地来,可以理解为他不愿意把来寻旧梦这件事说出去,尤其是不想让人知道自己复杂的处境和复杂的内心;此外,"轻轻"和"悄悄"也有寂寞的含义,这一片感情领域是属于他自己的。

轻吟慢诵徐志摩的《再别康桥》,将会陶醉在那一个个注入了纯情的意象中,感受到他故地重游、乍逢即别的那一段思绪和一步几回头、欲别不能的缠绵情谊。

开头"轻轻的我走了,正如我轻轻的来;我轻轻的招手,作别西天的云彩",优美的旋律,抒写出诗人飘逸洒脱的风度。四句中用了三个"轻轻的",让人感觉到诗人已经离开地面轻飞曼舞起来;在一"来"一"走"的短暂时间中,突出了一个"别"字。徐志摩想借助轻松的语言来承载沉重的心情。朗诵时,要读出这种情感。

"那河畔的金柳,是夕阳中的新娘;波光里的艳影,在我的心头荡漾",诗人把柳树活化成了"新娘",既有对美好理想的憧憬,也是对如歌青春的呼唤。水清如明镜,包容着水上的一切:"那河畔的金柳"成了"波光里的艳影",荡漾在诗人心头;榆荫下的潭水,"沉淀着彩虹似的梦"。只有心清如水,才写得出如此清澈美妙的句子。水爽似春风,没有深情的水的抚摸,"软泥上的青荇"怎会"油油的在水底招摇"?因为这水的多情抚慰,诗人竟然"甘心做一条水草"!朗诵时要表达出荡漾在诗人心头的情感。

作者重返康桥应该说是快乐并痛苦着的。快乐的是可以在康桥寻梦,寻找青春、理想、爱情之梦。"撑一支长篙",到康河中"寻梦",寻到了

---

① 江苏省朗诵艺术水平等级考试专家委员会编:《朗诵艺术水平等级考试指定篇目(七级~八级)》,江苏人民出版社2017年版,第48页。

满满的"一船星辉","在星辉斑斓里放歌",这是何等畅快、何等惬意!接着,笔锋一转,"但我不能放歌","夏虫也为我沉默",连"今晚的康桥"也沉默。本该高歌一曲以尽兴,反而寂静得只能听心跳,这是何等郁闷、何等痛苦!朗诵时要显出这种情绪的变化。

## 【案例三】

### 立 论
#### 鲁 迅

我梦见自己正在小学校的讲堂上预备作文,向老师请教立论的方法。

"难!"老师从眼镜圈外斜射出眼光来,看着我,说。"我告诉你一件事——

"一家人家生了一个男孩,合家高兴透顶了。满月的时候,抱出来给客人看,——大概自然是想得一点好兆头。

"一个说:'这孩子将来要发财的。'他于是得到一番感谢。

"一个说:'这孩子将来要做官的。'他于是收回几句恭维。

"一个说:'这孩子将来是要死的。'他于是得到一顿大家合力的痛打。

"说要死的必然,说富贵的许谎。但说谎的得好报,说必然的遭打。你……"

"我愿意既不说谎,也不遭打。那么,老师,我得怎么说呢?"

"那么,你得说:'啊呀!这孩子呵!您瞧!多么……。阿唷!哈哈!Hehe!He,hehehehe!'"

一九二五年七月八日。

【《立论》朗诵指导】

民国十三年(1924年),鲁迅受邀前往西北大学讲演,遇到京报社代表王小隐,发现其人无论遇到谁,无论这个人讲得好与坏,王小隐总是先拱手,然后便是"哈哈哈",从来不明确表达自己的看法。鲁迅当时说:"我想不到,世界上竟有以'哈哈论'过生活的人。他的'哈哈'是赞成,又是否定。似不赞成,也似不否定。让同他讲话的人,如在无人之境。"有感于此,鲁迅写下了这篇文章。

文章以梦的形式，以课堂为活动环境，以学生向老师请教立论为事件，叙述了立论之困难，有力讽刺了封建文化影响下"说谎的得好报，说必然的遭打"之风气，特别讽刺了"哈哈主义"的"老好人"这类人。他鼓励人们敢于同封建糟粕文化作斗争，教育孩子们要敢于说真话。写作上采用对话的方式，增强了文章的真实性；运用对比的手法，揭示了说真话的困难；使用大量"阿唷""哈哈""hehe"等拟声词，有力地表现了"哈哈主义"者的形象，深化了讽刺意味。

从上面可以看出，该文的写作目的是批判"哈哈主义论"，因此该文的基调是讽刺的，朗读时语气要夸张，要采用先低后高再降的曲调方式，体现讽刺的特点。从结构上来讲，文章第一段是叙述，介绍了事件发生的人物、地点和目的，语速适中。第二段从"难"开始到"你"，描写了立论之困难。其中"难"这一自然段，主要为了体现饱读诗书的老师仍然感到无所适从的难处，所以应慢读，其中"难"可拖音。阿谀奉承的人所说的话，声音要重些，说真话的人所说的话，声音要低些，通过对比的方式，展现说谎的人说谎时的自然，说真话的人说话时的小心翼翼。当老师问"你"时，这时拖音，以体现老学究善于循循善诱。那时的"我"，还是小学生，还保持着孩子的真善美，所以"我"的回答要声音响亮，同时表现出孩子的好奇心。最后一个自然段，老师的回答是文章的重点，也是文章的高潮。朗读时要用比较高的声音，通过曲调的方式，以达到讽刺"哈哈主义"的目的。

## 【案例四】

### 海　燕

高尔基

在苍茫的大海上，狂风卷集着乌云。在乌云和大海之间，海燕像黑色的闪电，在高傲地飞翔。

一会儿翅膀碰着波浪，一会儿箭一般地直冲向乌云，它叫喊着，——就在这鸟儿勇敢的叫喊声里，乌云听出了欢乐。

在这叫喊声里——充满着对暴风雨的渴望！在这叫喊声里，乌云听出了愤怒的力量、热情的火焰和胜利的信心。

海鸥在暴风雨来临之前呻吟着，——呻吟着，在大海上面飞窜，想把自己对暴风雨的恐惧,掩藏到大海深处。

　　海鸭也在呻吟着,——它们这些海鸭啊,享受不了生活的战斗的欢乐:轰隆隆的雷声就把它们吓坏了。

　　蠢笨的企鹅,胆怯地把肥胖的身体躲藏到悬崖底下……只有那高傲的海燕,勇敢地,自由自在地,在泛起白沫的大海上飞翔!

　　乌云越来越暗,越来越低,向海面直压下来,而波浪一边歌唱,一边冲向高空,去迎接那雷声。

　　雷声轰响。波浪在愤怒的飞沫中呼叫,跟狂风争鸣。看吧,狂风紧紧抱起一层层巨浪,恶狠狠地把它们甩到悬崖上,把这些大块的翡翠摔成尘雾和碎末。

　　海燕叫喊着,飞翔着,像黑色的闪电,箭一般地穿过乌云,翅膀掠起波浪的飞沫。

　　看吧,它飞舞着,像个精灵——高傲的、黑色的暴风雨的精灵,——它在大笑,它又在号叫……它笑那些乌云,它因为欢乐而高叫!

　　这个敏感的精灵,它从雷声的震怒里,早就听出了困乏,它深信,乌云遮不住太阳,——是的,遮不住的!

　　狂风吼叫……雷声轰响……

　　一堆堆乌云,像青色的火焰,在无底的大海上燃烧。大海抓住闪电的剑光,把它们熄灭在自己的深渊里。这些闪电的影子,活像一条条火蛇,在大海里蜿蜒浮动,一晃就消失了。

　　——暴风雨!暴风雨就要来啦!

　　这是勇敢的海燕,在怒吼的大海上,在闪电中间,高傲地飞翔;这是胜利的预言家在叫喊:

　　——让暴风雨来得更猛烈些吧!

【《海燕》朗诵指导】

　　第一,明确文中的象征。正面象征的形象有海燕、大海、暴风雨和太阳,其中海燕象征坚强不屈的无产阶级革命先驱者,大海及波涛象征革命中广大人民群众的力量,暴风雨象征席卷一切反动势力的革命浪潮,太阳象征光明的未来。反面象征的形象有狂风、乌云、雷电、海鸥、海鸭、企鹅,其中狂风、乌云和雷电象征着一切反动势力,海鸥、海鸭和企鹅象征假革命者和不革命者。

　　第二,明确文章的结构。该文可分三个部分。第一部分为前六个自然段，写暴风雨来临之前的景象，展现了海燕勇敢无畏的革命精神，海鸥、海鸭和企鹅的胆怯害怕。第二部分第7—11自然段，描写暴风雨逼近之时，乌云等反革命势力虽然非常强大，但是海燕等革命势力更加坚定了必胜的信心，因为反革命势力已经显出"困乏"。第三部分为剩下的自然段，描写暴风雨即将来临之时，海燕等革命势力与乌云等反革命势力的激烈斗争，展现了海燕大无畏的革命精神。

第三，朗读技巧的应用。从上文可以看出，该文主要为了展示海燕等革命势力无所畏惧的革命精神，因此文章的朗读基调是高亢的。为了突出海燕等革命形象，朗读时要采用肯定的口吻，对乌云等采用否定的口吻。

从重音的角度来讲，朗读时要注意强调性重音、对比性重音和情感性重音的运用。如"海燕像黑色的闪电"要重读"黑色的闪电"，因为它是一种比喻性强调重音。"蠢笨的企鹅，胆怯地把肥胖的身体躲藏到悬崖底下……只有那高傲的海燕，勇敢地，自由自在地，在泛起白沫的大海上飞翔！"这段要重读"海燕"那句，因为它是对比性重音。"这是勇敢的海燕，在怒吼的大海上，在闪电中间，高傲地飞翔；这是胜利的预言家在叫喊：——让暴风雨来得更猛烈些吧！"整句要重读，它是一种情感性重音。

从语速的角度来讲，表现斗争激烈的"雷声轰响"和"一堆堆乌云"两段要快读，开头叙述革命形势的"在苍茫的大海上，狂风卷集着乌云"句可用中速，而表现海燕比较自如应对斗争的"一会儿翅膀碰着波浪"可用慢速。

从语气的角度来讲，需要注意的是"海鸥""海鸭"和"企鹅"那三段，应采用中音轻蔑的语气朗读。需要同样处理的还有描写反面象征的句子，如"看吧，狂风紧紧抱起一层层巨浪"等，应用愤怒的语气朗读，而不是肯定上扬的语调。

由于该文是一篇散文诗，因此朗读时要注意停连。如"这是勇敢的海燕，在怒吼的大海上，在闪电中间，高傲地飞翔；这是胜利的预言家在叫喊：——让暴风雨来得更猛烈些吧！"这句，可以这样处理：这是/勇敢的海燕，在怒吼的大海上，在闪电中间，（此处采用连的方式）高傲地飞翔；这是/胜利的预言家在叫喊：——让暴风雨/来得更猛烈些吧！

## 第四节　课外延伸阅读资料

### 一、网站类

**1. 房世祚《学朗读》①**

朗读能力在很大程度上代表了一个人的语文能力，朗读技能也是语文教师必备的素质之一，语文教师不仅要在语文课堂上范读好课文，还要有指导学生朗读的能力。房世祚老师的《学朗读》公开课，从朗读教学的内容角度来讲是比较全面的，包括朗读的四要素和不同文本的朗读技巧以及朗读训练方法。更重要的是，它为我们从声音、动作、面部表情等角度提供了具体示例，是中小学语文教师自学朗读知识、提高朗读技能的重要资料。

《学朗读》共有六集。第一集：朗读的基本要求；第二集：朗读的重要技巧；第三集：朗读的速度、停顿技巧；第四集：朗读的语调技巧、特殊手法等；第五集：各种文体的朗读技巧；第六集：朗读技巧和基本训练。

**2. 中小学语文示范诵读库②**

"中小学语文示范诵读库"是中央广播电视总台和教育部合作的一个公益项目，该项目被列入《国家语言文字事业"十三五"发展规划》。用户既可以通过多媒体教学设备在中小学电子教室使用该音频产品，也可以在央广网、央视网、国际在线、教育部的官方网站及中央广播电视总台的手机客户端等平台收听该音频产品。目前，中央广播电视总台已有70多名播音员、主持人参与了一期工程的录制工作，已完成一年级上下册、二年级上册、七年级上下册、八年级上册共135课、182篇作品的录制，目前已有100篇作品正式上线。

"中小学语文示范诵读库"具有三个特点。一是权威性，它是由中央广播电视总台和教育部合作完成，由中央广播电视总台播音员、主持人如

---

① 房世祚：《学朗读》，见 bilibili 网站（https://www.bilibili.com/video/BV1Q7411f7cG/?spm_id_from=333.337.search-card.all.click）。

② 中小学语文示范诵读库：https://edu.cnr.cn/eduzt/ywkwsfsd/。

方明、雅坤、康辉和海霞等参与录制。二是示范性,它为我们正确、流利、有感情地朗读中小学语文教材的课文提供了示范,如方明的《背影》、康辉的《天上的街市》、傅成励的《论语》、雅坤的《乡愁》和肖玉的《春》等。三是便利性,既可以在电脑上收听,也可以下载到手机中收听,非常方便。

"中小学语文示范诵读库"虽是由中央广播电视总台播音员、主持人参与录制,但由于对文章的理解和生活的感受因人而异,再加上朗读是一门艺术,因此我们在收听时,不能机械地模仿,而是要批判性地学习,形成自己的朗读风格。

## 二、专著类

### 1.《朗读学》

《朗读学(第三版)》著者为张颂,由中国传媒大学出版社于2015年出版。内容共有十五章,分别是:第一章建立朗读学的目的和意义,第二章朗读学的特点和任务,第三章朗读的本源和作用,第四章朗读规律概说,第五章朗读的目的,第六章具体感受,第七章态度感情,第八章朗读者的身份与对象,第九章朗读状态,第十章朗读技巧,第十一章停连,第十二章重音,第十三章语气,第十四章节奏,第十五章不同体裁作品的朗读。

《朗读学(第三版)》最突出的特点是,它是我国当前朗读理论研究方面最先进最全面的专著,是继黄仲苏的《朗诵法》后,对我国朗读研究和实践产生重要影响的一本专著,是朗读、朗诵和诵读研究以及播音探讨的重要参考书。该专著明确了朗读学的研究对象,研究目的是使朗读作为一种语言艺术再创作,达到表情达意和言志传神的效果,同时,为听者获得情操陶冶、知识积累和美感享受提供有声支持。在研究内容方面,不仅注重对朗读技巧的研究,也注重对朗读本源的研究。研究方法主要采用描写法。

### 2.《朗诵艺术及水平等级考试纲要》

《朗诵艺术及水平等级考试纲要》由毕一鸣编著,江苏人民出版社于2011年出版。内容共11章,包括绪论、朗诵的意义、朗诵的要求、朗诵的语言、朗诵的声音、朗诵的表达、朗诵的姿势、朗诵的配乐、朗诵的组织、各类文体的朗诵和自选题材导读。

《朗诵艺术及水平等级考试纲要》的编写建立在《朗诵艺术水平等级考试大纲（试行）》的基础上，把朗诵看作一门艺术，认为朗诵艺术水平主要取决于朗诵者的语言状况和声音条件、理解能力和表达能力，以及艺术感染力和个性特色，把朗诵水平分成五等十级，由低到高依次为：E 等（一级、二级），D 等（三级、四级），C 等（五级、六级），B 等（七级、八级）和 A 等（九级、十级）。

该书有三个值得推荐的理由。一是内容较全面，尤其是包括了朗诵的姿势、朗诵的配乐和朗诵的组织，可为广大教师组织开展朗诵教学和比赛提供参考。二是该书是从艺术等级水平考试的角度编写的，不仅包括大纲，还包括评分标准，这为教师评判学生朗诵或朗读的实际水平提供了参考。三是该书的编者为了便于考生自学和考试，另外编写了《朗诵艺术水平等级考试指定篇目》系列书籍，共五册，并且对每一篇文章进行了朗诵指导分析，为学生实际进行朗读或朗诵分析提供了借鉴。

3. 《朗读技巧》

《朗读技巧》著者为王宇红，由中国广播电视出版社于 2013 年出版。该书共七章，内容包括我们为什么要学习朗读，朗读的准备阶段——熟悉和了解作品内容，感受——从理解到表达的桥梁，停连——朗读中的标点符号，重音——朗读中画龙点睛的一笔，语气——朗读中语句的"形""神"，以及节奏——语句中抑扬顿挫、轻重缓急的回环往复。

该书主要有两个值得推荐的理由。一是该书为读者提供了北京广播学院对播音员或主持人的朗读要求以及介绍了播音员准备稿件的基本步骤，为读者在朗读方面向专业看齐提供了指引。二是该书不仅列举了朗读方面需要掌握的技巧，更针对所需技巧，结合课文进行精讲指导，还配有课后练习（朗读提示），这为读者把知识转化为技能提供了参考。

# 第六章　现代汉语与中学语文修辞教学

## 第一节　中学语文修辞教学要求

《义务教育语文课程标准（2011年版）》（以下简称《课程标准》）共四个部分：第一部分为前言，包括课程性质、课程基本理念、课程设计思路；第二部分为课程目标与内容，包括总体目标与内容、学段目标与内容；第三部分为实施建议，包括教学建议、评价建议、教材编写建议和课程资源开发与利用建议；第四部分为附录，包括优秀诗文背诵推荐篇目、关于课外读物的建议、语法修辞知识要点、识字、写字教学基本字表和义务教育语文课程常用字表。

《课程标准》在"总目标"之下，还根据语文课程的整体性和阶段性，提出了"学段目标与内容"。学段共分四个学段：第一学段为1~2年级，第二学段为3~4年级，第三学段为5~6年级，第四学段为7~9年级。

在第三部分实施建议中的"关于语法修辞知识"的教学建议中，《课程标准》指出：本标准"学段目标与内容"中涉及语音、文字、词汇、语法、修辞、文体、文学等丰富的知识内容。在教学中应根据语文运用的实际需要，从所遇到的具体语言实例出发进行指导和点拨。指导与点拨的目的是帮助学生更好地识字、写字、阅读与表达，形成一定的语言应用能力和良好的语感，而不在于对知识系统的记忆。因此，要避免脱离实际运用，而应围绕相关知识的概念和定义进行系统、完整的讲授与操练。

《课程标准》通过所附的"语法修辞知识要点"对相关内容略加展开，大致规定教学中点拨的范围和难度；这一部分提到有关的名称，则便于教师引导学生认识语言现象和问题。关于语言结构和运用的规律，须让学生在具有比较丰富的语言积累和良好语感的基础上，在实际运用中逐步体味和把握。

为方便下文介绍中学语文修辞方面的知识,我们把《课程标准》中所附的"语法修辞知识要点"收录在这里。

附录3　语法修辞知识要点

词的分类:名词、动词、形容词、数词、量词、代词、副词、介词、连词、助词、语气词、叹词。

短语的结构:并列式、偏正式、主谓式、动宾式、补充式。

单句的成分:主语、谓语、宾语、定语、状语、补语。

复句的类型:并列、递进、选择、转折、因果、假设、条件。

常见修辞格:比喻、拟人、夸张、排比、对偶、反复、设问、反问。

## 第二节　中学语文修辞必备知识

"修辞"一词,有三种不同的含义:一是指"修辞活动";二是指"修辞现象";三是指"修辞知识",即修辞学。一般情况下,我们可以把修辞理解为对语言的修饰和调整,即对语言进行综合的艺术加工。相当一部分人还片面地认为修辞就等于辞格。实际上,修辞不等于辞格;修辞除了辞格,还包括选词用句、谋篇布局以及语体风格的选择等。《课程标准》里的修辞知识要点非常简单,只有8种常见的修辞格。因此,我们这里也以辞格为主介绍一些修辞必备知识。

什么是辞格?辞格是在言语活动中长期形成的具有特定功能、特定结构、特定方法的语辞模式。辞格多种多样,各有其特点和表达效果。辞格的分类在学界因为标准不同也出现不同的分法,从大到小,有同有异。陈望道的《修辞学发凡》将辞格分为4类38格,张弓的《现代汉语修辞学》将辞格分为3类24格,有的学者甚至将辞格分为100多格。在这里仅选取中学语文教学中常用的辞格来介绍,主要介绍8种常见的修辞格:比喻、拟人、夸张、排比、对偶、反复、设问、反问。

### (一) 比喻

比喻,俗称"打比方",即选取本质不同而又有相似点的另外的事物来描绘本事物的辞格。这是语言形象化的一种重要手法,也是人们经常运用的修辞手法。

1. 比喻的构成要素

比喻的特点是以彼喻此。"彼"指客体，在比喻中叫"喻体"，指作比喻的事物；"此"指本体，即被比喻的事物；在本体、喻体的中间是喻词，如"像、似、如、比、是"等，喻词把本体和喻体二者结合起来。本体、喻体和喻词是构成比喻辞格的基本要素。喻体和本体赖以组合成比喻的纽带是它们之间的相似点，因此比喻的本体和喻体之间是一种相似的关系。喻词就是标示这种相似关系的语词，喻词是比喻的语词标志。如：

①远远的街灯明了，
好像是闪着无数的明星，
天上的明星现了，
好像是点着无数的街灯。（郭沫若《天上的街市》）

这两句诗，前一句的"街灯"是本体，"明星"是喻体；后一句的"明星"是本体，"街灯"是喻体。街灯与明星是两种本质不同的事物，但二者之间却存在着"闪闪发光"这一相似点，故彼此之间可以互为喻体，用来状写本体，因此均用"好像"充当喻词，表明二者之间的相似点。

比喻中本体和喻体的相似点一般不直接点明，让读者从中去寻味领悟。也有在比喻中点明其相似点的，如：

| ②那歌声 | 就像 | 流水似的 | 温柔、多情而舒畅， |
|---|---|---|---|
| （本体） | （喻词） | （喻体） | （相似点） |
| 而那流水 | 也像 | 歌声般 | 潺缓不息，起伏奔泻。 |
| （本体） | （喻词） | （喻体） | （相似点） |

2. 比喻的基本类型

根据构成要素的不同，比喻可以分为明喻、暗喻和借喻三大类。

（1）明喻。

这类比喻中，本体、喻体和喻词都出现，其结构形式为：本体像喻体。这种比喻形式，其喻词直接标明本体和喻体的相似关系，除"像"以外，常见的还有"如、似、若、好像、好似、好比、就像、真像、活像、如同、犹如、宛如、仿佛"等。如：

①这平铺着，厚积着的绿，着实可爱。她松松的皱缬着，像少妇拖着的裙幅；她轻轻的摆弄着，像跳动的初恋的处女的心；她滑滑的明亮着，像涂了"明油"一般，有鸡蛋清那样软，那样嫩，令人想着所曾触过的最嫩的皮肤；她又不杂些儿尘滓，宛然一块温润的碧玉，只清清的一色——但你却看不透她！（朱自清《绿》）

②所以我想，在要求天才的产生之前，应该先要求可以使天才生长的民众。——譬如想有乔木，想看好花，一定要有好土；没有土，便没有花木了；所以土实在较花木还重要。（鲁迅《未有天才之前》）

（2）暗喻。

这类比喻中，本体、喻体和喻词都出现，其结构形式为：本体是喻体。这种比喻，把本体和喻体之间的关系推进了一层，干脆把本体说成喻体，二者之间的相似关系用喻词"是、为、成为、就是、等于"等联结成一体。实际上，这更强调了彼此间的相似关系，这是比明喻更进一层的比喻，故又称"暗喻"。如：

①全淀的芦苇收割了，垛起垛来，在白洋淀周围的广场上就成了一条苇子的长城。（孙犁《荷花淀》）

②这是梅花，有红梅、白梅、绿梅，还有朱砂梅，一树树的，每一树梅花都是一树诗。（杨朔《茶花赋》）

（3）借喻。

这类比喻只出现喻体，不出现本体和喻词，其特点是本体和喻体合一，其结构形式为：喻体（代替没有出现的本体），即直接用喻体代替本体，充当主语或谓语、宾语来表达思想，有描绘本体的作用。这类比喻的本体反被喻体掩盖住了，因而也无须用喻词来联结，由于隐去了本体，又省略了喻词，表面上看不出是打比方，实际上是比暗喻还要深入一层的形象化说法。如：

①我总觉得周围有长城围绕。这长城的构成材料，是旧有的古砖和补添的新砖。两种东西联为一气造成了城壁，将人们包围。（鲁迅《长城》）

②一缕彩霞飘过山顶，落日洒下一河碎银。（宗鄂《黄昏即景》）

"长城"比喻某种障碍物，"碎银"是落日余晖的喻体。
（4）明喻、暗喻、借喻三种比喻的比较。

三种比喻都是用另外的事物来说明本事物的特征，都是在喻体中显示本体的特征，这是三者相同的地方。但是同中有异，差异之处我们可以从内容、结构两方面来分析。

内容方面：明喻的本体、喻体关系较松，本体居主位；暗喻的本体、喻体关系较紧，本体、喻体地位同等；借喻的本体、喻体关系较紧，喻体占主位。

结构方面：明喻较为繁复，本体、喻体、喻词三种成分全备；暗喻较为精简，其中一部分省略喻词；借喻较简练，省略本体和喻词两种成分。

3. 比喻的变式

比喻除了以上三种基本类型以外，还有一些具有同样表达功能的变式。如：

①我的思想感情的潮水，在放纵地奔流着。（魏巍《谁是最可爱的人》）

②可以相信，将会有更多的中华儿女，用他们饱蘸深情的笔，尽情描绘祖国母亲的雄姿，描绘神州的每一寸土地上美的事物和美的心灵。（《人民日报》1984年5月2日）

③想想个人的未来，也为我的朋友——书籍担一份心，过去只恨书太少，这时又觉得它太多了。

④它的经济责任制不是一首优美的田园诗，也不是一支明快的钢琴奏鸣曲，而是一部气势磅礴的交响乐。

⑤何等动人的篇章！这些是人类思维的花朵。这些是空谷幽兰、高寒杜鹃、老林中的人参、雪岭上的雪莲、绝顶上的灵芝、抽象思维的牡丹。（徐迟《哥德巴赫猜想》）

例①的本体是"思想感情"，喻体是"潮水"，二者构成偏正短语。例②的本体是"祖国"，喻体是"母亲"，二者构成同位短语。例③的本体是"书籍"，喻体是"我的朋友"，二者之间用了破折号，相当于喻词。例④前面的本体和喻体之间的喻词用的是否定形式"不是"。例⑤一连用了七个喻体表现本体"这些(哥德巴赫猜想)"。

4. 比喻的修辞功能

比喻的修辞功能就在于借助与本体相似的喻体把抽象的事物说得具体、明白,使人认识得格外清楚;把深奥的道理说得浅显易懂,使人易于理解;把陌生的事物说得令人感到熟悉。因此,比喻是使言语表达更加形象生动的一种重要的修辞手段,是修辞方式中最基本的方式。所以,有人说,如果说文学是语言的艺术,那么比喻则是语言艺术的艺术。

## (二) 拟人

根据想象,把外物(有生物、无生物,或抽象概念)当作人来说、来写,赋予外物以人的感情,使其人格化,即具有人一样的思想、品质、情感、表情、动作、行为等。

1. 拟人的构成要素

拟人是比拟辞格的一种,包含本体和拟体,本体是被比拟的事物,拟体是人,但拟体并不出现。如:

①海睡熟了。大小的岛拥抱着,偎依着,也静静地恍惚入了梦乡。星星在头上眨着慵懒的眼睑,也像要睡了。(鲁彦《听潮》)

②矮小而年高的垂柳,用苍绿的叶子抚摸着快熟的庄稼;密集的芦苇,细心地护卫着脚下偷偷开放的野花。(郭小川《团泊洼的秋天》)

例①把"海""岛""星星"人格化,使它们具有人的思想感情、动作情态,借以表现大海由动到静的相关情态。它们都是本体,而拟体"人"并不出现。例②的"垂柳"也会"抚摸""庄稼","芦苇"也会"护卫""野花",而"野花"又是"偷偷开放","垂柳""芦苇""野花"都是本体,而拟体"人"也不出现。这两个例子都是拟人写法,借物抒情。

2. 拟人的修辞功能

由于拟人辞格是将本体当作人来模拟,是主观感受的一种自然表露,因此能够移情于物,寄托感情,渲染气氛,从而以物我交融的方式再现情景,唤起听、读者的共鸣,增强言语表达的感染力。本辞格运用得适当,可以表现生机活力、揭示真理、寄托感情。

## (三) 夸张

夸张是故意言过其实,对客观的人、事物做扩大或缩小或超前的描述。使用夸张手法,一方面是说话人对某事物确有深切的感觉体会,另一方面是说话人意在强调某事物的本质特征,使人获得深刻印象。

1. 夸张的类型

夸张可以分为扩大、缩小、超前三种类型。

(1) 扩大夸张。

扩大夸张是指故意把事物、属性的范围、程度往大、高、强、多、长等方向描述。如:

①白发三千丈,缘愁似个长。不知明镜里,何处得秋霜。(李白《秋浦歌》)

②山,快马加鞭未下鞍。惊回首,离天三尺三。(毛泽东《十六字令》)

例①极言白发之长,强调诗人愁苦之深。例②极言山之高,突出红军翻山越岭、不畏艰难险阻的精神。

(2) 缩小夸张。

缩小夸张是指故意把事物、属性的范围、程度往小、低、少、短等方向描述。如:

①这个方十二三丈的大院子,平日显得空荡荡的,今天叫这些牲口呀,驮子呀,运输队员呀,合作社伙计呀,客人和用人呀,挤得满满的,地方就显得插针都插不下的样子。(欧阳山《高干大》)

②可是当兵一当三四年,打仗总打了百十回吧,身上一根汗毛也没碰断。(刘白羽《无敌三勇士》)

例①"插针都插不下",极言剩余的空间非常狭小。例②"一根汗毛也没碰断",极力强调身经百战而没受一点损伤。

(3) 超前夸张。

超前夸张是指两件事之中,故意把后出现的事情说成先出现或是同时出现。如:

①嗬,中国名酒——茅台,我一见就醉了。(郑锡同、陈建《血泪樱花》)

②农民们都说:看见这样鲜绿的苗,就嗅出白面包的香味儿来了。

例①酒还未喝,但"我一见就醉了",故意把后出现的情况说成先发生。例②"看见这样鲜绿的苗",就嗅出"香味儿",故意把后出现的事说成先出现。

2. 运用夸张手法时应注意的问题

(1) 有根据、合情理——不是乱说大话,不是浮夸,而要合乎真情真理。如李白《北风行》:"燕山雪花大如席,片片吹落轩辕台。""燕山雪花大如席"这话虽是夸张,但是是有客观根据的。鲁迅在《漫谈"漫画"》中说:"'燕山雪花大如席',是夸张,但燕山究竟有雪花,就含着一点诚实在里面,使我们立刻知道燕山原来有这么冷。如果说'广州雪花大如席',那可就变成笑话了。"

(2) 有限度(有分寸)——要照顾事物的实际情况,恰如其分地夸张。也就是说,要做到"夸张有节度"。假如太过分就会没有说服力,甚至会引人反感。

(3) 明朗,使人能体会到是形象的夸张,不致被误认为是对事实的陈述。如"白发三千丈""燕山雪花大如席"是夸张,但如果说"白发三尺""白发三丈""燕山雪花大如豆""燕山雪花大如掌",就会让人误以为真是这样的。

(4) 自然,即运用要自然。这里的"自然",就是根据实际内容需要,根据自己的真实情感和对事物的正确、深刻的认识来运用夸张手法。

## (四) 排比

排比就是把三个以上结构相同或相似、意义相关、语气一致的词或句子排列起来,形成一个整体,使内容和语势得以增强。使用排比,可以把几个密切关联的意思一口气说出来,使语势贯通,直泻而下,感情充沛,给人以气势磅礴之感。用排比来说理,可以把道理阐发得透彻,使人折服;用排比来抒情,可以将感情抒发得淋漓尽致,激起共鸣。如:

①时间就是生命,时间就是速度,时间就是金钱,时间就是力量。

②松树既不需要谁来施肥,也不需要谁来灌溉。狂风吹不倒它,洪水

淹不没它，严寒冻不死它，干旱旱不坏它。它只是一味地无忧无虑地生长。松树的生命力可谓强矣！（陶铸《松树的风格》）

③处理问题必须瞻前顾后，不仅要看到眼前的，还要看到长远的；不仅要看到局部的，还要看到全局的；不仅要了解中国国情，还要了解世界局势；不仅要看到世界发展对中国的影响，还要看到中国发展对世界的影响。

例①连续用四个比喻句并列，强调了时间的重要，加强了表达的语气。例②中用了四个结构相似的句子，歌颂松树生命力之强，气势磅礴。例③连用四个分句（不仅……还要……），从不同角度强调处理问题必须瞻前顾后。

1. 排比的类型

从构成来看，排比可以分为句子排比和句法成分排比。

（1）句子排比。

单句和复句（其中包括分句）都可以构成排比。如：

①难道你就只觉得它只是树？难道你就不想到它的质朴、严肃、坚强不屈，至少也象征了北方的农民？难道你竟一点也不联想到在敌后的广大土地上，到处有坚强不屈，就像这白杨树一样傲然挺立的守卫他们家乡的哨兵？难道你就不更远一点联想到，这样枝枝叶叶靠紧团结，力求上进的白杨树，宛然象征了今天在华北平原纵横驰骋，用血写出新中国历史的那种精神和意志？（茅盾《白杨礼赞》）

②竞争，是一种苏醒！它逼醒了懒汉，逼醒了懦夫，逼醒了多年来捧着"铁饭碗"的人们！

（2）句法成分排比。

一般来说，句法成分都可以用作排比。如：

①在这里，蓝天明月，秃顶的山，单调的黄土，浅濑的水，似乎都是最恰当不过的背景，无可更换。（茅盾《风景谈》）（主语排比）

②在轻轻荡漾着的溪流的两岸，满是高过马头的野花，红、黄、蓝、白、紫，五彩缤纷，像织不完的织锦那么绵延，像天边的彩霞那么耀眼，像高空的长虹那么绚烂。（碧野《天山景物记》）（谓语排比）

③延安的歌声,是革命的歌声,战斗的歌声,劳动的歌声,极为广泛的群众的歌声。(吴伯箫《歌声》)(宾语排比)

④鲁迅是在文化战线上,代表全民族的大多数,向着敌人冲锋陷阵的最正确、最勇敢、最坚决、最忠实、最热忱的空前的民族英雄。(毛泽东《新民主主义论》)(定语排比)

⑤入夜,用眼望去,数十里烈焰飞腾,火龙翻滚,映得满天红,满山红,满江红。(郑直《激战无名川》)(补语排比)

2. 运用排比手法时应注意的问题

排比是多项平行使用,能突出文意的重心,周密地说明复杂的事理,表达强烈奔放的感情,增强语言的气势,因此运用排比必须从内容的需要出发,不可为了追求片面的形式美而滥用。一方面使用一串相同的词语,另一方面也要避免词语的重复。要避免词语重复,就必须运用丰富的词汇。

## (五) 对偶

对偶是用一对结构相同或相似、字数相等的语句来表达相类、相关或相反意思的一种修辞方式,俗称"对子"。如:

有志者,事竟成,破釜沉舟,百二秦关终属楚。苦心人,天不负,卧薪尝胆,三千越甲可吞吴。(蒲松龄)

此例句就是运用字数相等、结构对称的对偶修辞方式来写的,形式与内容和谐统一。可见,对偶的主要功能就在于借助整齐对称的形式、协调匀称的音节,把意义相似、相对或相连的两部分对照突出,让它们互相补充,互相映衬,令人读后感到意义鲜明,印象深刻。因此,在汉语中,从诗、词、歌、赋到一般记叙、议论、抒情的散文,从过去文人的吟诗作对,到今天城乡张贴的春联,对偶句都得到广泛的运用。

1. 对偶的类型

从内容上看,对偶可以分为正对、反对和串对三类。

(1) 正对。

正对是指上下两句字面相似或相关,内容相近。如:

①书山有路勤为径,学海无涯苦作舟。(韩愈《古今贤文·劝学篇》)
②墙上芦苇,头重脚轻根底浅;山间竹笋,嘴尖皮厚腹中空。(解缙)

例①中的"书山""学海",例②中的"墙上芦苇""山间竹笋",上下联都是以相类似的事物对称,彼此相补相衬,说明同一事物或道理。

(2) 反对。

反对是指上下两句字面对立,意义相反。如:

①横眉冷对千夫指,俯首甘为孺子牛。(鲁迅《自嘲》)
②青山有幸埋忠骨,白铁无辜铸佞臣。(岳飞坟前的对联)

例①上句写对敌人的恨,下句写对人民的爱,内容相对,爱憎分明。例②上下联反义相对,反映对忠臣岳飞的敬慕和对奸臣秦桧的鄙视。

(3) 串对。

串对是指上下两句意义紧密相关、连接,含有某种逻辑关系,也叫"流水对"。如:

①欲穷千里目,更上一层楼。(王之涣《登鹳雀楼》)
②野火烧不尽,春风吹又生。(白居易《赋得古原草送别》)
③少壮不努力,老大徒伤悲。(佚名《长歌行》)

例①是条件关系,例②是因果关系,例③是假设关系。

2. 运用对偶应注意的问题

运用对偶句一定要根据思想内容的表达需要,不可生拼硬凑、片面追求形式,甚至以辞害意,这是使用对偶句时应适当注意的。另外,我国古代的诗词歌赋应用对偶(对仗)非常频繁,并且在形式上规定很严格,要求字数相等、结构相同、词性一致、虚实相对,平仄还要协调,这是严格的对偶,即严对。现代诗文使用对偶,在形式上不一定要求这么严格,只要字数相等、结构大致相同、声韵基本协调就可以了,这就是宽对。

## (六) 反复

为了突出某个意思或表达某种强烈的情感,有意地重叠运用某词语、句子,形成反复美。

1. 反复的类型

反复可以分为连续反复和间隔反复两类。

(1) 连续反复。

连续反复是指相同的语句在文中接连出现,中间没有其他词语隔开。如:

①啊!黄河!怒吼吧!怒吼吧!怒吼吧!向着全中国受难的人民,发出战斗的警号!向着全世界劳动的人民,发出战斗的警号!

②呼啸的风声,单调的车轮声,仿佛重复着两个字,丢了!丢了!……这声音时近时远,撞击在群山上,又骤然席卷回来:丢了!丢了!丢了!……

风在呼啸,车轮铿锵,又仿佛在喊,不服输,不服输,不服输……一声声冲入李富荣心中,呼唤他从历史的回顾中汲取力量……(傅溪鹏《斯韦思林杯上刻着他的名字》)

(2) 间隔反复。

间隔反复是指相同的语句隔着其他一些语句或段落出现。如:

①风雪一天比一天大,人们的干劲一天比一天猛,砍下的毛竹一天比一天堆得高,为竹滑道修的架在两座高山之间的竹桥,也一天比一天往上长。(袁鹰《井冈翠竹》)

②雪降落下来了,像柳絮一般的雪,像芦花一般的雪,像蒲公英的带绒毛的种子在风中飞,雪降落下来了。(郭风《松坊溪的冬天》)

2. 运用反复应注意的问题

反复有加强语势、突出强调某种思想感情的作用,能加深读者的印象,并使读者获得一种复沓美。反复的应用很广泛,科学论文、文艺作品均会运用。科学论文用反复,主要是强调论点。文艺作品用反复,有的是表现强烈深刻缠绵的情感,有的是强调主题思想,有的是标志内容段落或音律节拍。

反复必须根据实际需要来运用,必须在思想深刻、情感丰富深厚、节奏谐和等原则下自然运用。反复跟重复有本质的不同,重复是语言的毛病，内容空虚，使人感到单调腻味。如果没有充实的内容、强烈的感情，一味采用反复的形式，只会显得重复累赘。

### （七）设问

设问是一种无疑而问，自问自答的修辞方式。问是为了引起下文，提醒读者注意，下文的答案（较多采用陈述句）才是说话人、书写者所要表达的真意。设问有助于启发读者思考，并使话语层次分明。

①什么是路？就是从没有路的地方践踏出来，从只有荆棘的地方开辟出来的。（鲁迅《生命的路》）

②"五四"以来，中国青年们起了什么作用呢？起了某种先锋队的作用。这是全国除开顽固分子以外，一切的人都承认的。什么叫做先锋队的作用？就是带头作用，就是站在革命队伍的前头。（毛泽东《青年运动的方向》）

其中，例①是一问一答，比直接陈述"路是……"更能引起读者的注意和思考。例②是两个一问一答，第一个设问引出第二个设问，一问扣一问，步步深入。

### （八）反问

无疑而问，明知故问，用反问的句式（肯定或否定）表达确定的意思、坚决的态度。它只问不答，但要表达的意思包含在问句里。反问的目的不在于期待对方的回答，而在于加重直陈的语气。一般表现为用否定的反问形式表达肯定的意思，或用肯定的反问形式表示否定的意思。

（1）用否定形式表示肯定的意思。如：

哪一个成才者没有受过教育？哪一个伟人离得开老师的启迪和指引？哪一个民族不要知识？哪一门知识又不得要千千万万的教师去"传道、授业、解惑"？（唐彩霞《大学生演讲评选·强者之歌》）

（2）用肯定形式表示否定的意思。如：

面对着人民，面对着祖国，大学生意味着什么？大学生意味着责任！

寸草春晖，我们的一切都是人民所给予的，有什么理由锱铢计较，把人民的培养当成谋取一己私利的筹码？有什么理由知恩不报，反倒两袖清风，骄傲、自豪地端着个铁饭碗，去充当鱼肉人民的食客？（姚能海《大学生演讲评选·大学生意味着什么》）

（3）有时，一段话里既用肯定形式，也用否定形式。如：

当你在积雪初融的高原上走过，看见平坦的大地上傲然挺立这么一株或一排白杨树，难道你就只觉得它只是树？难道你就不想到它的质朴、严肃、坚强不屈，至少也象征了北方的农民？难道你竟一点也不联想到在敌后的广大土地上，到处有坚强不屈，就像这白杨树一样傲然挺立的守卫他们家乡的哨兵？难道你就不更远一点联想到，这样枝枝叶叶靠紧团结，力求上进的白杨树，宛然象征了今天在华北平原纵横驰骋，用血写出新中国历史的那种精神和意志？（茅盾《白杨礼赞》）

需要注意的是，反问不同于设问。虽然两者都是无疑而问，明知故问，但在特点和作用上有明显的区别。设问一般是自问自答，答在问的后面；反问是寓答于问，答在问的反面。设问不表示肯定什么或否定什么，反问明确地表示肯定或否定的内容。设问的作用主要在于提醒注意，启发思考；反问的作用主要在于加强语气，强调感情。

## 第三节　中学语文修辞案例分析

【案例】

春

朱自清

盼望着，盼望着，东风来了，春天的脚步近了。

一切都像刚睡醒的样子，欣欣然张开了眼。山朗润起来了，水涨起来了，太阳的脸红起来了。

小草偷偷地从土里钻出来，嫩嫩的，绿绿的。园子里，田野里，瞧去，一大片一大片满是的。坐着，躺着，打两个滚，踢几脚球，赛几趟跑，捉几回迷藏。风轻悄悄的，草软绵绵的。

　　桃树、杏树、梨树，你不让我，我不让你，都开满了花赶趟儿。红的像火，粉的像霞，白的像雪。花里带着甜味儿；闭了眼，树上仿佛已经满是桃儿、杏儿、梨儿。花下成千成百的蜜蜂嗡嗡地闹着，大小的蝴蝶飞来飞去。野花遍地是：杂样儿，有名字的，没名字的，散在草丛里，像眼睛，像星星，还眨呀眨的。

　　"吹面不寒杨柳风"，不错的，像母亲的手抚摸着你。风里带来些新翻的泥土的气息，混着青草味儿，还有各种花的香，都在微微润湿的空气里酝酿。鸟儿将巢安在繁花嫩叶当中，高兴起来了，呼朋引伴地卖弄清脆的喉咙，唱出宛转的曲子，跟轻风流水应和着。牛背上牧童的短笛，这时候也成天嘹亮地响着。

　　雨是最寻常的，一下就是三两天。可别恼。看，像牛毛，像花针，像细丝，密密地斜织着，人家屋顶上全笼着一层薄烟。树叶儿却绿得发亮，小草儿也青得逼你的眼。傍晚时候，上灯了，一点点黄晕的光，烘托出一片安静而和平的夜。在乡下，小路上，石桥边，有撑起伞慢慢走着的人；地里还有工作的农民，披着蓑戴着笠。他们的房屋，稀稀疏疏的，在雨里静默着。

　　天上风筝渐渐多了，地上孩子也多了。城里乡下，家家户户，老老小小，也赶趟儿似的，一个个都出来了。舒活舒活筋骨，抖擞抖擞精神，各做各的一份儿事去。"一年之计在于春"，刚起头儿，有的是工夫，有的是希望。

　　春天像刚落地的娃娃，从头到脚都是新的，它生长着。
　　春天像小姑娘，花枝招展的，笑着，走着。
　　春天像健壮的青年，有铁一般的胳膊和腰脚，领着我们上前去。

【《春》修辞分析指导】

　　《春》是现代散文家朱自清的名篇，朱自清在这篇简短的散文中，运用了20多处修辞手法，频率之高，令人惊诧。作品以"春"贯穿全篇，由盼春、绘春、颂春三个部分组成，逐层深入、环环相扣。而作者正是以多种修辞格作为《春》的"颜料"，淋漓尽致地描绘出一幅五彩缤纷的早春图。全文共十个自然段，我们可以逐段来分析每段所运用的修辞格。

第一段,"盼望着,盼望着",运用反复的修辞格,连用两个"盼望着",可见其期待春天来临的心情是多么殷切。"东风来了,春天的脚步近了"用了拟人的修辞格,把春天当作人来写。本段短短的十几个字,就将作者殷切而又喜悦的心情表现得淋漓尽致。

第二段,"一切都像刚睡醒的样子,欣欣然张开了眼"是拟人修辞格,"睡醒""张开了眼"用了拟人的修辞格,准确传神又富有情趣地表现出万物受春的温暖、滋润而生机勃发的特点。"山朗润起来了,水涨起来了,太阳的脸红起来了"运用了排比的修辞格,周详地写出春回大地、春满人间的景象。"朗润""涨""红"是摹状,分别描绘山、水、太阳醒来的情态,非常传神,写出了春天的变化以及作者的感受,充满了愉悦之情。

第三段,"小草偷偷地从土里钻出来,嫩嫩的,绿绿的"用了拟人的修辞格。"偷偷""钻"等词语将小草顽强的生命力传神地表现出来,"园子里,田野里,瞧去,一大片一大片满是的"用的是反复的修辞格。嫩绿的小草"一大片一大片"的,长满了园子和田野,视线所及之处都是这绿的世界,让读者感受到这春草绿得多么诱人,而且具有很强的层次感。"坐着,躺着,打两个滚,踢几脚球,赛几趟跑,捉几回迷藏"用的是排比的修辞格。值此大地回暖时节,人们告别封冻了一冬的粉妆玉砌的世界,来到满是绿色的草坪"坐着,躺着",沐浴着春阳,甚是惬意。在和煦的微风中,人们开展各种户外活动,锻炼身体,增强体质,使人得以保持精神饱满的状态。"风轻悄悄的,草软绵绵的"用的是对偶的修辞格,简洁而富有质感地写出了初春的风和草的特点。

第四段,"桃树、杏树、梨树,你不让我,我不让你,都开满了花赶趟儿"是排比、回环及拟人几种修辞格连用,将桃花、杏花、梨花竞相开放的场景描绘得非常生动、非常形象。"红的像火,粉的像霞,白的像雪",三个比喻的修辞格连着使用,而这三个比喻句又组成排比句。作者从色彩的角度,将桃花、杏花、梨花描绘得多姿多彩,鲜艳夺目,而且非常逼真,实在是花卉争荣,各不相让。这些花儿,充满了生命的芬芳,也使整幅春景图的色彩更为丰富、润泽。"花里带着甜味儿;闭了眼,树上仿佛已经满是桃儿、杏儿、梨儿"用的是通感和排比的修辞格。"花"是视觉,作者把它移植到味觉,说是"带着甜味儿"。看着春华想到秋实——满树的"桃儿、杏儿、梨儿",着实让人过足了喜获水果丰收之瘾。这样的想象不仅拓宽了描绘的视野,更从另一个角度渲染了春花的可爱。"花下成千成百的蜜蜂嗡嗡地闹着。大小的蝴蝶飞来飞去"用的是拟人的修辞格。一个"闹"字，将蜜蜂人格化，非常贴切。这样的描写既表现出声响，有喧闹沸腾之感，更展现了一派春意盎然、生机勃勃的景象。"野花遍地是：杂样儿，有名字的，没名字的，散在草丛里，像眼睛，像星星，还眨呀眨的"连用比喻、拟人的修辞格。草丛里的野花"像眼睛，像星星，还眨呀眨的"，非常生动。正是这些小野花，与别的花儿一起组成春花大家族，将大地装扮得分外靓丽妖娆。

第五段，"'吹面不寒杨柳风'，不错的，像母亲的手抚摸着你"是引用与比喻两种修辞格的套用。句子先引用了南宋志南和尚的诗句，用以状写春风的温暖、柔和，非常亲切可感。春风"像母亲的手抚摸着你"用了比喻的修辞格，这个比喻让人觉得非常亲切、非常生活化，容易勾起人们儿时的回忆，倍感母爱的温暖和伟大。"鸟儿将巢安在繁花嫩叶当中，高兴起来了，呼朋引伴地卖弄清脆的喉咙，唱出宛转的曲子，与轻风流水应和着。"此句用的是拟人的修辞格。鸟儿都来"呼朋引伴""卖弄"歌喉，它们宛转的曲子"与轻风流水应和着"。作者以"鸟儿唱歌"等鸟儿欢快的表现，衬托出人们愉悦的心情，反映了春天给人们、鸟儿、大地上的其他生灵都带来了欢愉。

第六段，"看，像牛毛，像花针，像细丝，密密地斜织着，人家屋顶上全笼着一层薄烟"用了比喻、排比和拟人的修辞格。作者将连绵春雨比作牛毛、花针、细丝，这三个比喻的连用构成了排比。接着，用一个"织"字，将春雨人格化，也将春雨描绘得异常湿润。"在乡下，小路上，石桥边，有撑起伞慢慢走着的人；地里还有工作的农民，披着蓑戴着笠。"其中，"小路上，石桥边""披着蓑戴着笠"用的是对偶的修辞格，将乡间的各式人物的活动描绘出来。撑起伞，走在小路上、石桥边的人，心情放松，正慢慢地体会着初春的细雨"斜织"；而农民则为了当年的好收成，借着大好的春光，"披着蓑戴着笠"在地里忙着。"他们的房屋，稀稀疏疏的，在雨里静默着"用了拟人的修辞格。房屋"在雨里静默着"是将房屋人格化，将蛰伏了一冬的房屋描绘得更富有灵性，装点着初春的乡村。

第七段，"舒活舒活筋骨，抖擞抖擞精神"用了对偶的修辞格。"舒活""抖擞"两个词语的重叠出现，有意识地突出蛰伏了一冬的人们不愿辜负大好的春光，正大步迈进春天，以十二万分的热情，聚集十二万分的潜能，全身心地投入各项工作中。

第八段,"春天像刚落地的娃娃,从头到脚都是新的,它生长着",用了比喻兼拟人的修辞格,把"春天"比喻成"刚落地的娃娃",写出了春天的新,有旺盛的生命力。

第九段,"春天像小姑娘,花枝招展的,笑着,走着",用了比喻兼拟人的修辞格,把"春天"比喻成"小姑娘",写出了春天的美,生动活泼。

第十段,"春天像健壮的青年,有铁一般的胳膊和腰脚,领着我们上前去",用了比喻兼拟人的修辞格,把"春天"比喻成"健壮的青年",写出了春天的力量。

第八段至第十段又同时构成了排比,从刚落地的娃娃,到小姑娘,再到健壮的青年,作者用三个比喻性的句子构成排比句式,写出了春天不同时段的不同景象,说明春天是新鲜、美丽、欢快、具有强大生命力的,人们也应当随着春天的步伐,去创造美好幸福的生活。

综观全文,作者通过多种修辞手法的运用,对春天做了全面、精细、准确、生动的描绘,抒发了作者对春天的赞美之情,表达了作者热爱生活、积极进取、奋发向上的思想感情。

## 第四节 课外延伸阅读文献

1. 中华人民共和国教育部. 中学教育专业认证标准[S/OL]. [2017-10-26]. www.moe.gov.cn/srcsite/A10/s7011/201711/t20171106_318535.html.

2. 中华人民共和国教育部. 义务教育语文课程标准(2011年版)[M]. 北京:北京师范大学出版社,2011.

3. 中华人民共和国教育部. 普通高中语文课程标准(2017年版2020年修订)[M]. 北京:人民教育出版社,2020.

4. 张弓. 现代汉语修辞学[M]. 石家庄:河北教育出版社,1993.

5. 刘焕辉. 修辞学纲要[M]. 南昌:百花洲文艺出版社,1993.

6. 陈望道. 修辞学发凡[M]. 上海:上海教育出版社,1997.

7. 王希杰. 汉语修辞学(增订本)[M]. 北京:商务印书馆,2004.

8. 黄伯荣,廖序东. 现代汉语:下册[M]. 增订5版. 北京:高等教育出版社,2011.

9. 周一民. 新课标语法修辞知识解读［J］. 语文建设, 2003（9）.

10. 汪国胜. 修辞教学的目标定位［J］. 华中师范大学学报（人文社会科学版）, 2010（2）.

11. 毋小利. 重心转移与范式重建：修辞教学的突围之路［J］. 语文建设, 2014（16）.

# 后　记

"吃水不忘挖井人。"

本书得以编著成功，首先要感谢岭南师范学院文学与传媒学院的领导，尤其是阎开振院长。阎院长多次召开专门会议，谋划、督促、指导书稿的撰写。阎院长强调："岭南师范学院文学与传媒学院的汉语言文学专业，是国家一流专业、国家特色专业，应该主动服务中学语文教育，促进基础教育与高等教育的衔接，为党为国家选拔出更多的优秀人才，为建设教育强国贡献我们的力量。"阎院长的谆谆教导，强化了我们的担当精神，深化了我们的责任意识，激发了我们不畏困难、勇于挑战的精神。

本书得以编著成功，还要感谢我们的团队。我们团队具有开拓创新精神，紧跟时代步伐，群策群力，确定了书稿的编写要贯彻落实习近平新时代立德树人的思想，解决好为谁培养人、培养什么人和怎样培养人这一根本性问题；既要体现时代性、先进性和科学性，也要紧跟信息化、数字化的趋势，更要着眼于任务群教学和语文核心素养培养等。

我们团队主动运用辩证唯物主义思想，遵循汉语言文学专业学科，尤其是现代汉语和中学语文教育的发展规律，努力体现现代汉语和中学语文教育的科学性。团队成员不仅具有扎实的专业知识，而且具有团结协作和担当精神，能充分发挥各自的研究优势，相互启发，互补有无，毫无保留。同时，团队成员抱着对读者负责的态度，努力克服困难，忘我工作，主动探索，勇攀高峰。

本书的撰写分工如下：张鲁昌老师撰写了本书的第一章，郑军老师撰写了本书的第二章、第三章和第五章，范培培老师撰写了本书的第四章，侯昌硕老师撰写了本书的第六章。全书由郑军老师统稿。

本书得以顺利出版，还要感谢中山大学出版社，感谢出版社领导和编校团队的多方指导和大力支持。在此，我谨代表我们团队表示最真诚的感谢！

## 后 记

由于编著者水平有限,书稿难免有错漏之处,恳请读者批评指正。书稿错漏之处,概由编著者负责。

郑军
2025 年 3 月